The Tribe:

Drehbuch-Sammleredition

Raymond Thompson

CUMULUS PUBLISHING LIMITED

Copyright

Widmung

Für alle Tribe-Fans auf der ganzen Welt.
Und für die, die sich für das Aufbauen einer besseren
und nachhaltigeren Welt engagieren, auf der künftige
Generationen leben können.

Einleitung

Es ist schwer zu glauben, dass fast 11 Jahre vergangen sind, seitdem ich die Tribe-Biographie *Keeping the Dream Alive* geschrieben habe, die 2011 veröffentlicht wurde.

Während ich das letzte Kapitel noch einmal gelesen habe, um mich daran zu erinnern, was zu diesem Zeitpunkt in der Entwicklungsgeschichte von *The Tribe* genau passierte, war es sogar noch schwerer zu glauben, dass ich in der dritten Person geschrieben habe, da ja alle Elemente, die mit der Entwicklungsgeschichte von *The Tribe* zu tun haben, tatsächlich meine persönliche ganze Lebensgeschichte sind.

Ich glaube, der Grund dafür ist vielleicht, dass ich, was meine berufliche Karriere angeht, mein Glück nicht fassen kann. Es ist fast so, als wäre es jemand anderem passiert und nicht mir selbst.

Außerdem finde ich es sehr schwierig über mich selbst zu schreiben. Besonders da ich von Natur aus eine Person bin, die Dinge sehr gerne für sich behält (und schüchtern ist).

Irgendwann schreibe ich vielleicht einen ‚zweiten Teil' als Fortsetzung von *Keeping the Dream Alive* mit einem tiefen und detaillierten Blick hinter die Kulissen und über das, was in den Jahren nach 2011 passiert ist.

Da war vor allem der Verlust meines geliebten Vaters im Jahr 2012 und meiner Schwester im Jahr 2021. Diese Verluste unterstreichen deutlich, was ich den Leuten immer darüber sage, wie schwierig es ist auf meinem Weingut zu sitzen, ein Glas Wein zu trinken und dabei das Flüstern der Sterblichkeit zu ignorieren, welches jedem vorüberziehenden Sonnenuntergang innewohnt.

Das letzte Kapitel von Keeping the Dream Alive handelt vor allem von meiner Auszeit und dem Kräftetanken auf dem Weingut, das immer einen Zufluchtsort und einen willkommenen Gegensatz abseits des Drucks der Geschäftswelt darstellt.

Ich liebe die Schönheit. Das Weingut ist wunderschön anzusehen, mit einem fantastischen 360°-Ausblick. Ein Meer von grünen Feldern und Reihen von Reben, mit Hügellandschaften und Bergen überall in der Ferne.

Der Ort ist auch in anderer Hinsicht besonders. Das Weingut liegt in einer ländlichen Gemeinde mit etwa 1500 Einwohnern, und der Ort reflektiert nahezu einen Lebensstil vergangener Tage.

Eine Gemeinde abseits des Lärms und der Hektik größerer oder sogar kleinerer Städte, in der die Einwohner einander kennen und sowohl den eigenen Bereich als auch den der anderen Einwohner respektieren und schützen. Aber sie führen kein abgehobenes Leben, sondern sind immer alle ohne Ausnahme füreinander da. Wenn es nötig ist.

Ich denke oft, dass das Leben in der Region mit 4 Meilen pro Stunde läuft. Sodass man auf die wahre Geschwindigkeit des Lebens runterkommen kann. Man kann auf einem Traktor nicht rasend werden.

Und der Tag, an dem eine Ampel, auf den Straßen, die das kleine Dorf umgeben, eingeführt wird, wäre der Tag, an dem die moderne Zivilisation und Technik es eingeholt hat. ich bin mir sicher es würde einen Aufruhr verursachen. Denn es würde nicht nur einen Schandfleck in der Landschaft, sondern auch den ersten Schritt zu etwas Fremdem, das in die natürliche Welt eindringt und alles, was besonders an Mutter Natur, und an der kleinen engen Gemeinschaft, ist gefährdet, darstellen.

Nachdem ich 2011 die The-Tribe-Biografie fertiggeschrieben hatte, war ich, was das Kreative anbelangte, mehr als ausgebrannt. Nicht nur wegen *The Tribe,* auch deshalb, weil ich seit über 15 Jahren schon richtig in der Produktion tätig gewesen war.

Da Cloud 9 weltweit Geschäfte macht und schneller expandiert, als ich es mir je vorgestellt habe, holte der Druck jeden Tag bis spät in die Nacht zu arbeiten mich ein. Das habe ich schon oft als selbstverursachten Nervenzusammenbruch bezeichnet.

Das alles hat sich dadurch verschlimmert, dass ich einige Enttäuschungen und Frustrationen in Hollywood verkraften musste. Also habe ich wirklich eine Auszeit gebraucht.

Anstatt Blumen beim Wachsen zuzusehen, habe ich Weintrauben dabei zugesehen. Außerdem habe ich mir angesehen, wie die Sonne morgens aufging und später vor einer spektakulären mehrfarbigen Kulisse unterging und dann der dunkle Himmel ein Planetarium aus Sternen beherbergen würde, welches sich weit über die kleine Gemeinde, in der das Weingut sich befindet, hinaus zu erstrecken schien. Unendlichkeit.

Sich eine Auszeit zu nehmen war ein komisches Gefühl. Eine Auszeit vom Reisen um die Welt. Vom Eilen zu Flughäfen, um Flüge zu erwischen. Davon, dass Assistenten ständig Terminkalender füllen, meine Zeit und mein Leben

Jahre im Voraus mit einem Meeting nach dem anderen und Produktionsplänen organisieren. Also brauchte ich etwas Zeit, um mich an das Auszeitnehmen zu gewöhnen, daran jeden einzelnen Tag aufzuwachen und mich zu fragen, was ich tun könnte.

Aber durch die Anforderungen des Geschäfts und aufgrund meines Lebensstils bestand nie die Möglichkeit nichts zu tun.

Die, die *Keeping the Dream Alive* gelesen haben, (die deutsche Übersetzung hat den Titel *Keeping the Dream Alive - Den Traum am Leben erhalten*) werden sich bestimmt an die Routine erinnern, die ich in der Biografie skizziert habe, und an den Kontext in dem, und die Gründe, warum ich versucht habe mir 2011 eine Auszeit zu nehmen.

In den zwei Jahren zuvor war ich in Gesprächen über einen möglichen Kinofilm und eine Fortsetzung von *The Tribe* gewesen und hatte bei einer großen und sehr mächtigen Hollywood-Agentur unterschrieben, der CAA (Creative Arts Agency)

Mein Agent war Jon Levin, der eine Reihe ‚hochrangiger‘ Klienten angefangen bei Brad Pitt über Will Smith, Jennifer Aniston bis hin zu Arnold Schwarzenegger vertrat.

Die Agentur vertrat auch wirklich viele einflussreiche Klienten aus der Unterhaltungsindustrie. Tatsächlich schienen die CAA, die UTA und WME (die United Talent Agency und William Morris Endeavour), die Vertretungen von nahezu allen ‚hochrangigen‘ Schauspielern und Schauspielerinnen. Produzenten und Produzentinnen, Regisseuren und Regisseurinnen und Autoren und Autorinnen in der Film- und Fernsehindustrie unter sich aufzuteilen.

Ich wurde übrigens auch mit einem überaus talentierten Ex-WME-Agent bekannt, (der auch ein toller Mensch ist), Alan Gasmar. Er hat eine exklusive Managementfirma aufgebaut, (Alan Gasmar and Friends). Ich bin Alan durch einen scharfsinnigen und aufgeweckten Anwalt im Bereich Medienrecht vorgestellt worden, Eric Feig, der mir neben seinen Fähigkeiten auf allen rechtlichen Gebieten ebenfalls sympathisch ist. Eric ist ein wahrer Gentleman. Alan und Eric haben beide sehr an *The Tribe* geglaubt und wollten zusammen mit meinem eigenen Agenten unbedingt versuchen entweder einen Kinofilm oder eine Fortsetzung hervorzubringen.

Das hat dazu geführt, dass man mir Rob Cohen vorgestellt hat. Man kennt und liebt ihn vor allem als den Regisseur des megaerfolgreichen Franchise *Fast and Furious*, aber auch von anderen Kultfilmen wie xXx - *Triple X, der auf* Vin Diesel zugeschnitten wurde, und *Die Mumie.*

Zu Robs beeindruckendem Werdegang zählt auch eine Zeit als leitender Vizepräsident der Kinofilm Abteilung von *Motown*, während derer er eng mit dem legendären Berry Gordy zusammengearbeitet hat. Rob Cohen war also gewiss bereits ein Veteran auf beiden Seiten der Kamera und hatte schon einzigartiges Wissen sowohl in Bezug auf die kreativen als auch die kommerziellen Elemente.

Ungefähr zur selben Zeit stellte mich Alan einem seiner Klienten vor, einem talentierten jungen Drehbuchautor, Jason Rothenberg.

Daraufhin folgten mehrere Meetings, die quer durch Hollywood mit wichtigen Studios und Abnehmern stattfanden. In diesen sprachen Rob, Jason und ich über *The Tribe*. Und mit Alans, Erics und Jons Unterstützung kamen wir einem Rahmen für alles sehr nahe.

Aber in Hollywood herrscht eine interessante Kultur, die sich entwickelt hat, seitdem die Stadt der Träume ein Synonym für die große Leinwand geworden ist und Hollywoodgrößen über die Studios mit eiserner Faust herrschten. Und einem

Samthandschuh. Das kam darauf an, wie nützlich man eventuell sein konnte.

Heutzutage sind Studios immer noch entscheidend, werden aber zumeist von der Wall Street kontrolliert.

Drehbücher werden nicht nur nach ihrem eigenen Wert und kreativen Anspruch bewertet, sondern danach, was sie potenziell letzten Endes finanziell einbringen und wie sich Aktienwerte dadurch verändern könnten. Da das Film- und Fernsehgeschäft letzten Endes eben ein Geschäft, eine Industrie ist, überrascht das kaum.

Wenn man sich dem Studiosystem nicht ergibt – oder gewillt ist nach dieser Methodik zu arbeiten –, bleibt einem nur die Wahl zu versuchen als eine unabhängige Firma zu handeln, was einem mehr kreative Freiheit, aber eine geringere kommerzielle Infrastruktur bietet.

Dadurch, dass Studios den Vertrieb auf der ganzen Welt zu kontrollieren scheinen und heutzutage sogar ihre Operationen auf die Streaming-Plattformen ausgeweitet haben, sind die unabhängigen Firmen immer noch irgendwie auf irgendwelche größeren Studios angewiesen. Und es gibt immer einen beträchtlichen Unterschied zwischen einem sogenannten Studiofilm und einem, der ‚unabhängig' produziert wird.

Während meiner Karriere – sogar bei der BBC – musste ich nie die Anforderungen und Beschränkungen erleben, die bei der Methode, mit der in Hollywood gearbeitet wird, normal zu sein scheinen.

Ich habe vollkommene kreative Freiheit genossen, als ich 1994 die Cloud 9 Screen Entertainment Group gegründet habe. Dabei hatte ich die editorische Kontrolle und konnte meine kreativen Visionen ungestört verfolgen.

Daher empfand ich den Übergang dazu, sozusagen keine ‚Stimme' bei *The Tribe* zu haben natürlich als sehr schwierig. Deshalb konnte ich die kreative Integrität, die für mich immer entscheidend ist, nicht schützen oder überwachen.

Außerdem konnte ich mir nicht vorstellen, dass die Fangemeinde zum Beispiel damit zufrieden gewesen wäre, wenn wir sogenannte große Namen gecastet hätten, die dann unsere bisherigen Besetzungsmitglieder ersetzt hätten, die alle talentierte und begabte Menschen sind.

Es ist immer wichtig offen und kompromissbereit zu bleiben, wenn es geht. Aber der kreative Prozess lässt es nicht zu, dass man seine Originalidee einer anderen Community anpasst. Und ich hatte manchmal wirklich Probleme mit der Richtung in die *The Tribe* hätte gebracht werden können, die meinen eigenen Zielen und meiner kreativen Vision zuwiderlief.

Was dem Ganzen aber letztendlich den Todesstoß versetzte, war die Vorstellung in die Entwicklungshölle zu gehen. So nennt man es, wenn man Projekte entwickelt, anstatt sie zu produzieren und auf den Markt zu bringen.

So viele Werke brauchen so lange, bis sie umgesetzt werden. Außerdem scheinen viele sogenannte Hollywoodgrößen dutzende Projekte in der Entwicklungsphase zu haben, was für die Organisation schlichtweg bedeutet, dass sie mehrere Jahre im Voraus ausgebucht sind, was wiederum zu Entwicklungsphasen führt, die sich in die Länge ziehen.

Es passiert so oft, dass, nachdem man ein Projekt entwickelt hat, ein Besetzungsmitglied vielleicht zur Verfügung steht, aber der Regisseur nicht.

Wenn man dann wartet, bis der Regisseur zur Verfügung steht, hat vielleicht die Besetzung keine Zeit.

Wenn in Bezug auf die Verfügbarkeiten der wichtigsten Teammitglieder alles organisiert ist und sich an der Oberfläche alles zu finden scheint, gibt es da noch etwas, was man in Hollywood als ‚Reise nach Jerusalem' bezeichnen könnte. Dabei gehen entweder Leute oder werden gefeuert. So scheitern so viele Projekte in letzter Sekunde (oder besser in der letzten Millisekunde in der Entwicklungshölle). Denn die Ersatzverantwortlichen wollen sich oft lieber mehr auf ihre eigenen Lieblingsprojekte konzentrieren, anstatt die zu übernehmen und zu unterstützen, die ihre Vorgänger angeregt haben.

Eine weitere zynische Vorstellung ist die, dass man nur so gut ist wie sein letzter Film. Viele wichtige Kreative sind begehrt, solange sie an den Kinokassen Erfolg haben (oder von Kritikern gelobt werden), aber ihr Einfluss kann sich dramatisch verändern oder stark geschwächt werden, wenn ein Film an den Kinokassen schlecht läuft.

Zudem ist man in der Fernseh- und in der Kinofilmindustrie auch dazu geneigt Risiken zu vermeiden. Das führt dazu, dass echt viele Pilotprojekte gemacht werden, um den Markt zu testen. Man muss fairerweise sagen, dass das verständlich ist. Schließlich muss man riesige Summen investieren, um ein Projekt zu finanzieren.

Bei Kinofilmen sind die Gagen der sogenannten Stars manchmal wirklich astronomisch hoch. Es ist kein Wunder, dass so viele Budgets die 100-Millionen-Dollar-Marke übersteigen, und deshalb die Studios verständlicherweise sehr vorsichtig sind, bevor sie sich zu einer Investition verpflichten.

Also ist der Entwicklungsprozess mehr ein Überprüfungssystem. Nach außen hin jedenfalls. Ich glaube, dass etwas irgendwie sehr viel weniger riskant scheint, je länger die Entwicklung geht.

In den Zeiten, in denen ich als Drehbuchautor gejobbt habe (bevor ich Cloud 9 gegründet habe), wurde ich oft damit beauftragt etwas zu tun, was als am Drehbuch ‚herumdoktern‘ bekannt ist. Tatsächlich ist es mehr der Versuch ein Drehbuch zu schleifen, zu raffen oder zu verbessern.

Einmal hat mir ein großer Produzent ein Skript entgegengeworfen (zum Glück war es nicht seine Zigarre) und hat mich aufgefordert es noch einmal gründlich durchzugehen. Ich fragte ihn, was genau ihm Sorgen bereitete, und starrte ihn mit offenem Mund, völlig fassungslos, an, als er zugab, dass er es in Wirklichkeit noch nicht gelesen hatte.

Es scheint notwendig zu sein eine Unmenge von Fassungen, möglicherweise sogar von mehreren Autoren zu haben, was den Entwicklungsprozess noch mehr in die Länge zieht. Es ist fast so, als würde man einen Schritt nach vorne und hundert zurück machen.

Wenn man sich den Abspann irgendeines Kinofilms ansieht, wird man in diesem bestimmt die Namen mehrerer Autoren sehen.

Ich bin vielleicht paranoid. Meine Frau sagt immer, wenn ich zu einem Rugbyspiel gehen und die Spieler zusammenkommen sehen würde, würde ich mit Sicherheit denken, dass sie mein Skript kritisieren. An dieser nicht wirklich schnippischen Bemerkung könnte etwas Wahres dran sein.

Aber das bestätigt sich dadurch, dass so viele Autoren und Leute, die am Skript herumdoktern und es umschreiben, miteinbezogen werden, was kontraproduktiv sein und den Entwicklungsprozess verlangsamen und bis an die absolute Grenze strecken kann. Das führt dazu, dass das, was eine lohnende und erfüllende Erfahrung sein sollte, zu einer frustrierenden Tortur verkommt.

Stellt euch Folgendes vor: Ein Verantwortlicher in Hollywood könnte eine Version des Drehbuchs mögen, aber ein Regisseur bevorzugt eine andere. Ein mächtiges Besetzungsmitglied mit Einfluss könnte verlangen, dass es komplett umgeschrieben wird, um seine oder ihre Rolle größer zu machen. Aber diese Version ist vielleicht nicht die bevorzugte eines Vertreibers oder Investors oder anderen Besetzungsmitglieds oder Regisseurs oder Verantwortlichen in Hollywood.

Es ist wie ein Karussell, was in Unklarheit endet. Kein Umfeld, in dem ich arbeiten wollte (oder will). Also entschloss ich mich, weiterzuziehen. Rob und Jason ging es ganz ähnlich. Denn wir konnten einfach keinen einheitlichen Weg mit einer dritten Partei finden, die unsere Richtung teilte.

Jason wurde dann übrigens zum Showrunner und geschäftsführenden Produzenten der sehr erfolgreichen Serie *The 100*. Und Rob ist als Regisseur natürlich immer sehr gefragt und leistet ausgezeichnete Arbeit.

Alan hat sich selbst zu einem sehr erfolgreichen Produzenten entwickelt, den man vor allem dadurch kennt, dass er die überaus erfolgreiche Serie *Vikings* auf unsere Bildschirme gebracht hat.

Eric hat seine Kanzlei zu einem mächtigen Unternehmen gemacht und vertritt sehr große Klienten in unserer Industrie.

Es ist wirklich toll zu sehen, dass es ihnen allen so gut geht. Und wir haben noch Kontakt.

Ich entschloss mich die CAA zu verlassen und wurde durch einen anderen Kontakt in Hollywood Hauptverantwortlichen bei Legendary vorgestellt. Das ist ein großes Hollywoodstudio, das für sehr viele erfolgreiche Filme verantwortlich ist. Ich habe einen Optionsvertrag zur Entwicklung einer Fortsetzung unterschrieben und dachte, dass ich endlich ein Zuhause für *The Tribe* gefunden hätte.

Ich bin an ein non-disclosure agreement (NDA), also an vertragliche Schweigeplicht, gebunden und kann nicht zu sehr ins Detail gehen. Aber es hat bei Legendary nicht so geklappt, wie ich gehofft und erwartet hatte.

Ich habe immer noch Kontakt zu meinem Kollegen, der einen fantastischen Werdegang als Produzent vorweisen kann und sich sehr für *The Tribe* engagiert. Wir entwickeln eine Fortsetzung und werden niemals unsere Bemühungen aufgeben, sie umzusetzen.

Aber ich würde es vorziehen mich niemals in der Situation zu befinden, dass ich etwas schreiben oder produzieren muss, an das ich vom kreativen Aspekt her nicht glaube. Das wäre dann nicht ich. Mir wäre es lieber, dass nichts passiert, als dass ein kreatives Werk entsteht, das nicht die kreativen Ansprüche oder die kreative Vision widerspiegelt, die ich habe.

Das würde nicht nur meine eigene kreative Integrität schwächen, ich glaube, es wäre auch schrecklich unfair gegenüber unserer The-Tribe-Fangemeinde und würde ihre Loyalität und Hingabe verraten.

The Tribe ist natürlich nicht das einzige Werk in Cloud 9s Produktportfolio. Wir haben einen wirklich beachtlichen Katalog mit anderen Serien und Musik sowie anderen verwandten Geschäftsbereichen vom Merchandising bis hin zum Verlagswesen.

Zusätzlich betreiben wir einen eigenen exklusiven Vertrieb (Cumulus)

So sehr ich es also auch genossen habe, 2011 in die natürliche Welt einzutauchen und mich den Freuden von Mutter Erde und der Natur hinzugeben, blieb der Druck der Geschäftswelt doch konstant. Und ich hatte keine andere Wahl, als mehr und mehr Zeit vom Sitzen auf dem Traktor und dem Nachdenken über den Sinn des Lebens über einem guten Glas Wein (okay, ich gebe es zu, über mehreren Gläsern) abzuzwacken.

Das geschah unter anderem fürs Überwachen der Digitalisierung all unserer Serienepisoden, von denen es mehrere hundert gibt, und fürs Koordinieren mehrerer Lizenzvereinbarungen mit Vertrieben und Sendern auf der ganzen Welt.

Es erfüllt mich mit großer Demut, dass unsere Werke regelmäßig in so vielen Ländern gezeigt werden, aber der Prozess führt wirklich zu einer sehr komplizierten Verwaltung von rechtlichen Dingen bis hin zu Werbe- und PR-Elementen. Das schließt auch das Geben von Presseinterviews mit ein.

Zeit bekommt daher eine ganz andere Dimension. *The Tribe* läuft auf der ganzen Welt. Heutzutage hauptsächlich auf Streaming-Plattformen. Aber große normale Fernsehsender sind immer noch an der Serie interessiert, wie zum Beispiel der Sender *SABC2* in Südafrika, der sie seit 2022 ausstrahlt. Sie ist ganz neu für die Journalisten. Aber es fühlt sich irgendwie an, als würde sie aus dem Winterschlaf kommen, da sie vor so vielen Jahren produziert worden ist, wie eine ständige Wiederholung, da man über Werke spricht, als ob sie brandneu wären.

Trotzdem ist das notwendig und unser weltweites Publikum braucht das, um unser Produkt ansehen zu können. Das gilt für alle unsere Werke und nicht nur für *The Tribe.*

Ich werde oft gefragt, welches Werk ich am liebsten mag. Das ist irgendwie so, als würde man einen Elternteil fragen, wer sein Lieblingskind ist. In vielerlei Hinsicht ist der kreative Prozess so, dass jedes einzelne Element etwas Besonderes ist. Es kann nicht anders sein. Denn eine kreative Person hat etwas geschaffen. Das ist nicht ganz so wie ein Kind zur Welt zu bringen, aber fast (auf metaphorischer Ebene).

Aber ich muss gestehen, dass *The Tribe* etwas ganz Besonderes ist.

Da ich in den 60igern/70igern inmitten einer kulturellen und musikalischen Revolution erwachsen geworden bin, glaube ich, dass es mich besonders anspricht. Denn in *The Tribe* geht es darum eine bessere Welt aus den Trümmern der alten aufzubauen. Dabei haben junge Menschen die volle Kontrolle und können die Zukunft komplett allein erschaffen.

Dieses Konzept hat mich schon immer fasziniert. Seit meinen frühen Teenagerjahren. Wahrscheinlich wollte ich gegen Autoritäten und manche der älteren Generation rebellieren, die Mist gebaut haben. (Das habe ich jedenfalls damals so gesehen.)

Aber im Laufe der Jahre hat es mich sogar noch mehr fasziniert, da ich ‚älter' wurde und mir als Vater große Sorgen darüber machte, in was für einer Welt meine Kinder leben würden.

Das wurde punktueller, als ich Großvater wurde, und es stimmt mich zuversichtlich, dass jetzt so viele Freiheiten und Menschenrechte umgesetzt werden, zum Beispiel für und durch die LGBT+-Community. Dasselbe gilt auch für das Bewusstsein dafür, dass wir unseren Planeten schützen und uns auf den Klimawandel und alles, was dieser mit sich bringt, einstellen müssen. Auch dafür, dass uns immer bewusst sein muss, dass wir die vielen sozialen Ungerechtigkeiten auf der Welt angehen müssen.

Ich sehe *The Tribe* als Allegorie, in vielerlei Hinsicht als eine ‚Schönwetterdystopie', in der trotz aller Herausforderungen und Konflikte und Gefahren, bei aller Verzweiflung ein Aspekt immer bleibt. Und der ist Hoffnung.

Es war eine wahre Freude in den Jahren, seitdem *Keeping the Dream Alive* veröffentlicht wurde, die Gelegenheit gehabt

13

zu haben, mit A.J. Penn an den Romanen zu *The Tribe* zu arbeiten, *The Tribe: A New World im Jahr* 2011, *The Tribe: A New Dawn im Jahr* 2014 und *The Tribe: (R)Evolution im Jahr* 2019. Die Titel der deutschen Übersetzungen sind *The Tribe: Eine neue Welt*, The Tribe: *Ein Neuanfang* und *The Tribe (R) Evolution - Deutschsprachige Ausgabe.*

A.J. ist ein Pseudonym eines sehr begabten Autors (Fürs Protokoll: Entgegen aller Gerüchte – ich bin es nicht) und es ist von der kreativen Seite her wichtig für mich, dass die Saga weitergehen kann. Und das muss nicht aufhören. Das hängt natürlich von Angebot und Nachfrage ab. Solange die Fans Lust auf weitere Geschichten zu *The Tribe* haben, bin ich mir sicher, dass A.J. und ich etwas Zeit dafür finden werden sie auf den Markt zu bringen.

Es war auch wirklich großartig durch die Hörbücher wieder mit der Besetzung von *The Tribe* zusammenzukommen.

Ich bin schon lange ein Fan von Hörspielen und auch von der Kultübertragung von *Krieg der Welten*.

Also haben wir, anstatt die Besetzung die Romane einfach nur vorlesen zu lassen, wie man das normalerweise bei Hörbüchern macht, das Ganze mit Soundeffekten und Musik verbunden. Das wurde zu einer Mammutaufgabe in der Produktion.

Die Hörbücher sind gut angenommen worden, was Mut macht. Sie sind so, als ob man eine Episode ‚anhören' würde. Aber im Gegensatz zu einer Episode dauert es mehr als einen Tag und eine Nacht, sich alle drei Hörbücher anzuhören, dadurch das jedes ungefähr 12 Stunden Spieldauer hat.

Es ist kaum verwunderlich, dass es so eine Mammutaufgabe war, über 40 Stunden (unbearbeitet) so zu bearbeiten, dass man auf eine angenehme Spieldauer runterkam.

14

Ungefähr zu der Zeit, als wir an den Handlungssträngen von *The Tribe: (R)Evolution* arbeiteten (im Jahr 2018, also bevor das Buch geschrieben wurde), haben wir angefangen über die Idee nachzudenken ein Tribe-Game zu machen.

Ich muss gestehen, dass ich ein bisschen ein Dinosaurier bin, was die Gaming-Industrie angeht. Aber unser Entwicklerteam glaubte, dass der bevorzugte Stil Retro sein würde, und bei manchen unserer Kundentest hat sich das gewiss bestätigt.

Da wir eine relativ kleine unabhängige Firma sind, konnten wir auch kein ausreichendes Budget aufbringen, um mit den Triple-A-Werken mitzuhalten – manche Budgets übersteigen die 100-Mllionen-Dollar-Marke.

Aber nichtsdestotrotz habe ich eine Menge in das Spiel investiert (relativ gesehen natürlich)

Wir haben die *RPG-Maker-MV*-Software benutzt, die natürlich exzellent dafür geeignet war, das Retrofeeling zu erreichen, das wir haben wollten. Aber sie hat uns auf manchen Gebieten auch ein wenig eingeschränkt (das muss man sagen), und deshalb konnten wir nicht das tun, was wir idealerweise gewollt hätten.

Ich bin sehr stolz auf das Endprodukt. Ich finde, die Zeichnungen sind atemberaubend. Ich hoffe, den Spielenden gefällt die Musik und die Geschichte und der Dialog (den ich übrigens selbst geschrieben habe). Wir haben versucht alle möglichen Missionen und Themen einzubauen, damit der/die Spielende interessiert bleibt.

Aber vor allem wollten wir eine Plattform schaffen, mit welcher der/die Spielende ein Mitglied des Tribes werden und interagieren kann.

Zum Glück ist das Game sehr gut angekommen.

Es gab jedoch ein paar negative Kommentare (zum Glück waren diese wenige und in der Minderheit). Man kann sie verstehen, wenn ein Spieler/eine Spielerin ein Megaprodukt mit einem Budget von Unmengen von Dollar für mehrere Spieler und mit allem Schnickschnack erwartet hat.

Wir sind wirklich an die Grenzen gegangen und haben unser Bestes mit dem Budget gegeben, das wir zur Verfügung hatten.

Ich habe nichts dagegen diesem Game etwas hinzuzufügen, wenn die Nachfrage auf dem Markt da ist, und hoffentlich im Laufe der Zeit die technischen Möglichkeiten zu erweitern, um es benutzerfreundlicher zu machen.

Ein weiteres Highlight war es, dass um 2015/2016 herum der extrem begabte Schauspieler Joseph Gordon-Levitt uns über seine Community *Hitrecord* auf eine junge Frau aus Deutschland aufmerksam gemacht hat, die ein Riesenfan von *The Tribe* ist und den unerreichbaren Traum hatte, Neuseeland zu besuchen.

Diese junge Frau hat das Asperger-Syndrom (wie ich übrigens auch).

Meine Frau und ich haben vor mehreren Jahren die *Cloud 9 Children's Foundation* gegründet, um die zu unterstützen, die von Syndromen im Autismus-Spektrum (oder anderen Aspekten) betroffen sind. Letztendlich hat es aber nur Ermutigung und Unterstützung gebraucht, damit die junge Frau verstand, dass sie ihren Traum niemals aufgeben durfte. Und passend zu der Thematik *von The Tribe,* den Traum am Leben zu erhalten, niemals die Hoffnung in Bezug auf ihren eigenen Traum verlieren sollte.

2022 war es eine wahre Freude, dass die junge Frau nach so vielen Jahren der Mühe endlich in Neuseeland ankam. Sie hat nicht nur ihren Traum verwirklicht, wir haben es auch geschafft ein privates Mittagessen mit ihrem Lieblingsmitglied der Besetzung (Jennyfer Jewell, die Ellie gespielt hat) als ein Highlight zu organisieren.

Falls es die junge Frau nicht nach Neuseeland geschafft hätte, hatte ich geplant sie in Deutschland zu treffen, um ihr meine Unterstützung zukommen zu lassen und ihr Mut zu machen. Denn sie wollte mich auch sehr gerne persönlich treffen.

Ich hatte geplant das Fernsehfestival *MIPCOM* in Cannes im Süden Frankreichs im Jahr 2019 zu besuchen, um etwas von der Mammutaufgabe wegzuschaffen unser Repertoire zu vertreiben. Ich hatte gehofft, ein paar vielversprechende Verhandlungen bezüglich *The Tribe* und vor allem eine mögliche Zusammenarbeit mit einem deutschen Unternehmen, *Your Family Entertainment,* verfolgen zu können. Das wäre eine Gelegenheit gewesen in Deutschland zu sein, was sichergestellt hätte, dass ich auch die junge Frau mit ihrem unerreichbaren Traum hätte treffen können.

Aber ich konnte einfach keinen Platz in meinem Terminkalender finden, und entschied mich dazu, im Januar 2020 eine Schiffsreise zu buchen, um von Auckland nach Sidney zu fahren. Ich dachte, ich könnte nach Queensland reisen und in unserem Ferienhaus in Australien Kraft tanken.

Der Plan war es ungefähr 3 Wochen zu bleiben.

Fast 3 Jahre später bin ich immer noch hier!

Wie alle auf der Welt leider mitbekommen haben, schien die Welt wegen Covid zu schließen. Und meine Familie und ich haben beschlossen in Australien im Lockdown zu bleiben. Die Grenzen waren noch geöffnet, aber wir waren nicht scharf darauf in Isolation in sogenannten ‚Covid-Hotels' zu bleiben, da es Beweise dafür gab, dass sich dadurch das Virus verbreitete, und nicht im Zaun gehalten werden konnte. Ähnliches passierte auf Kreuzfahrtschiffen.

Es entbehrt nicht einer gewissen Ironie, dass die Welt der Fiktion sich mit der realen Welt zu vermischen schien. Das Konzept von *The Tribe* schien unheimlich prophetisch zu werden. Besonders da junge Menschen weniger anfällig zu sein schienen, und das Virus besonders älteren Menschen zu schaden schien.

Wir wurden sowohl in der Zentrale als auch auf unseren Social-Media-Plattformen von Nachrichten aus unserer Fangemeinde überflutet.

Wir bekommen routinemäßig immer viele Nachrichten. Aber der Anstieg war signifikant. Und es war offensichtlich, dass viele eine tiefsitzende Angst und Sorgen, in Bezug darauf hatten, was passieren oder wie man zurechtkommen oder wohin Covid führen könnte.

Die Sorgen beschränkten sich nicht nur auf die Gesundheit, sondern waren auch finanzieller Natur, da die Menschen nicht arbeiten, ihre Gehälter nicht erhalten und ihren monatlichen Zahlungsverpflichtungen nicht nachkommen konnten. So viele kleinere Firmen litten natürlich und gingen bankrott. Und sogar größere internationale Unternehmen waren kommerziell und finanziell angeschlagen.

Ich entschloss mich dazu, die Zeit zu nutzen, um an meinen kreativen Vorhaben zu arbeiten, da es keine Reisemöglichkeiten gab, die Grenzen geschlossen wurden und vor allem wegen der Einschränkungen durch die Isolation.

Dementsprechend dachte ich, es sei vielleicht angemessen, einen Podcast mit den Mitgliedern der Besetzung zu machen. Damit sie ihre Gedanken zu Covid mitteilen und erzählen konnten, wie sie zurechtkamen.

Kommunikation kann oft so therapeutisch sein, und ich hoffte, dass beim Ausdrücken von Ängsten und Verwundbarkeit in Bezug auf das mentale Wohlbefinden, die Zuhörenden sich vielleicht etwas beruhigt fühlen. Wenn sie merken, dass sie nicht alleine sind und dass es Bewältigungsstrategien gibt, über die man sich austauschen kann.

Oder, wenn wir es nicht schaffen sollten, Ängste zu lindern oder Leute zu beruhigen, sollte der Podcast wenigstens eine interessante Möglichkeit sein die Zuhörenden für eine Stunde oder zwei von ihren eigenen Problemen abzulenken.

Es war wirklich etwas Besonderes die Zeit und die Gelegenheit zu haben mit der Besetzung zu sprechen. Das überrascht nicht, denn ausnahmslos alle Besetzungsmitglieder sind sowohl besondere als auch begabte und talentierte Menschen. Das ist der Grund, warum sie überhaupt gecastet wurden.

Wir wollten sie nicht nur aufgrund ihres Talents engagieren, sondern haben uns gewünscht, dass sie in den Themen der Serie aufgehen, sich ihnen hingeben. Es gab keinen Platz für Egos oder störende und spaltende Verhaltensweisen.

Alle Cast- und Crewmitglieder waren wirklich absolut professionell, und ich schulde ihnen was. Denn ohne ihre harte Arbeit und ihre besonderen Fähigkeiten wäre *The Tribe* nicht die besondere Serie, die sie heute ist.

Nicht alle Mitglieder der Besetzung und der Crew sind in dieser Industrie geblieben. Viele haben geheiratet, sind Mütter und Väter geworden und haben andere Karrierewege außerhalb der Unterhaltungsindustrie eingeschlagen. Aber alle stehen sich immer noch sehr nah, was nicht überraschend ist. In vielerlei Hinsicht ist *The Tribe* ein Stamm innerhalb eines Stammes, also eine Familie.

Es macht mich genauso stolz die Karrieren derer zu verfolgen, die in dieser Industrie geblieben sind, wie zu sehen, wie sich alle Karrieren im Team entwickelt haben.

So viele aus unserer Crew haben danach fantastische Arbeit geleistet. Unter ihnen sind zum Beispiel der Oscargewinner Dan Hannah (unser Produktionsdesigner bei *The Tribe*), der an *Der Herr der Ringe* gearbeitet hat und Mike Hedges (unser Soundmischer), der an so vielen bedeutsamen Werken gearbeitet hat, darunter *Der Herr der Ringe* und *Avatar*.

Sir Richard Taylor von *Weta Workshops* ist ebenfalls ein Oscargewinner und immer noch ein enger Freund, nachdem wir eng an frühen Cloud-9-Produktionen zusammengearbeitet haben.

Und sogar eine Hälfte von *Flight of the Conchords*, nämlich Jemaine Clement, hat als Statist *in The Tribe* angefangen, zusammen mit dem überaus begabten Taika Waititi, der auch eine Sprechrolle in unserer auf den begabten und wunderbaren Tom Hern zugeschnittenen Serie *Revelations: The initial Journey* hatte.

Tom und ich reden übrigens immer noch über einen The-Tribe-Film. Tom ist ein sehr talentierter Produzent, dessen Karriere boomt und, der jetzt schon enorme Erfolge vorweisen kann. Dazu zählt der von Kritikern gelobte Film *The Dark Horse* (dt. *Das Talent des Genesis Potini*), bei dem kein anderer als unser Stammesbruder James Napier (der Jay in *The Tribe* gespielt hat) Regie geführt hat.

Ein weiteres Highlight seit der Fertigstellung von *Keeping the Dream Alive im Jahr 2011* war es die Gesellschaft von beiden, James und Tom, zu genießen, die gelegentlich auf dem Weingut zu Besuch sind. Ich kann ihre Gesellschaft beim Abendessen nie lange genug genießen.

Ganz nach dem Prinzip von Yin und Yang gibt es im Leben aber leider nicht nur Highlights. Es muss Freude und Schmerz geben.

2021 ist meine geliebte Schwester gestürzt. Sie lebte im UK und wurde ins Krankenhaus gebracht. Dort führte man einige Tests durch und entdeckte, dass sie sich zwar durch den Sturz nicht verletzt hatte, aber einen tödlichen Gehirntumor hatte, und man gab ihr nur noch 6 Monate zu leben.

Das war extrem schwer, da die Grenzen geschlossen waren, und ich auf Zoom angewiesen war, um mit meiner Schwester und anderen Familienmitgliedern im UK zu kommunizieren. Ich konnte nicht mal einreisen, um an ihrer Beerdigung teilzunehmen. Aber natürlich war ich – so wie ich es immer sein werde – im Geiste bei ihr.

Meine Schwester und ich standen uns nah. Sehr nah. Und ich habe ihr während unserer Zoom-Telefonate, als sie immer schwächer wurde und sich die sehr grausame Krankheit langsam ausbreitete, gesagt, dass ich bei der Zeitverschiebung aufgrund der unterschiedlichen Zeitzonen zum Mond schauen und mich so mit ihr verbinden würde, da ich wissen würde, dass wir, wenn sie in ihrer Zeitzone zum Mond schauen würde, dasselbe natürliche Element sehen würden. Also mussten wir nicht frustriert werden, als sogar das Sprechen zu einer großen Herausforderung wurde und sie erschöpfte.

Ich denke immer noch an sie. jedes Mal, wenn ich zum Mond schaue. Wir sind alle miteinander verbunden, wie auch die Erde, der Himmel und das Meer. Das geschieht aber auch durch mächtige Emotionen und Gefühle, die als Liebe bekannt sind.

Die Liebe ist wirklich unendlich. Auch wenn es das Leben in dieser Form nicht ist. Aber ich glaube, dass die Liebe den Tod überwindet.

Ich habe immer noch eine Schwester (und eine Mutter, einen Vater und einen jüngeren Bruder – sie alle sind verstorben – und sie werden für immer an meiner Seite gehen.) Und wir haben immer noch eine Beziehung. Nur eben in einer anderen Form.

Es war eine schwere Zeit, dadurch, dass ich mit dem Tod meines Vaters und mit dem Tod meiner Schwester zwei schmerzvolle Verluste erlitten habe. Aber auf der anderen Seite gab es auch viel Freude, und ich fühle mich wirklich gesegnet.

Wie beim Beginn der Biographie *Keeping the Dream Alive* sitze ich in meinem Ferienhaus in Queensland und schaue auf die tropische Palmenlandschaft hinaus. Und, Ja, hier gibt es Kangaroos die faulenzen und in der Morgensonne grasen.

Obwohl das, von dem ich in meiner Biographie überzeugt war, dass es mich beim Training nachmachte, woanders hingegangen zu sein scheint (vermutlich nicht ins Fitnessstudio!).

Es hat mich sehr berührt und mit Demut erfüllt, dass zusätzlich zu den Fans von *The Tribe* viele die *Keeping the Dream Alive* gelesen haben, es einen spannenden Hintergrundbericht über die Film- und Fernsehindustrie und über die Gründung und Entwicklung der Cloud 9 Screen Entertainment Group fanden.

Ich bin immer sehr beschäftigt mit Schreiben und Komponieren. Das ist etwas, das ich aus irgendeinem Grund einfach tun muss, das mich anzieht. Und ich habe mehrere Drehbücher geschrieben, um ein paar unerreichte kreative Träume im Bereich des Kinofilms zu verfolgen (aber mit einer unabhängigen Vorgehensweise im Gegensatz zu der eines Hollywoodstudios).

Vielleicht bin ich in Wirklichkeit genauso wenig der Richtige für Hollywood, wie Hollywood richtig für mich ist.

Also bin ich vielleicht Teil des Problems. So sehr ich auch mit den geschäftlichen Aspekten unserer Industrie zu tun haben muss; im Inneren bin ich Autor (und Komponist).

In der Kälte des Morgenlichts, wenn alle anderen schlafen, schreibt ein Autor. Und ich kenne keinen Autor, der nicht öfter mit Herzschmerz und Qualen im Bett liegt, als dass er es nicht tut.

Die leeren Seiten zu füllen ist manchmal ein Albtraum für mich. Eine Art Hassliebe. So sehr ich mich auch dazu hingezogen fühle, es zu tun, versuche ich auch es zu vermeiden. Aber letzten Endes kann ich nicht anders als auf die leeren Seiten zu schauen und mich dazu zu zwingen anzufangen.

Es ist sehr motivierend für mich, dass mein enger Freund und Kollege Harry Duffin auch immer noch schreibt. Wenn es noch Tribe-Fans gibt, die das noch nicht getan haben, sollten diese *Chicago May, Jail Tales und auch seine fantastische* Romanadaption zu *The Tribe, Birth of the Mall Rats,* lesen.

Ich habe übrigens gerade Harrys neuesten Roman *Island of Dreams* gelesen. Der ist fantastisch und sehr zu empfehlen. (Er sollte ungefähr im Dezember 2022 rauskommen, aber es könnte bis Januar 2023 dauern, bis er andere Plattformen erreicht).

Zurück zu dem, was ich schreibe. Ich werde schon seit ewigen Zeiten gebeten eine Version von *The Tribe als Drehbuch* zu veröffentlichen. Und Ich habe beschlossen, dass jetzt der richtige Zeitpunkt ist, da ich schon so viele Male angedeutet habe, dass ich das tun würde, und richtigerweise gefragt wurde, warum das nicht umgesetzt wurde.

Zum Teil war der Grund dafür die Tatsache, dass ich so viele Versionen von *The Tribe* in Drehbuchform habe. Das ist normal im Entwicklungsprozess. Aber ich habe beschlossen, dass diese Version veröffentlicht werden soll, da sie am besten und am genauesten das zeigt, was ich mit einem Kinofilm erreichen wollen würde (die Fernsehfortsetzungen wären natürlich ganz anders).

Außerdem beinhaltet diese Version Flame und den Privileged-Tribe, wie ich sie ursprünglich zeigen wollte. Aber aufgrund von editorischen Einschränkungen und Dingen, die man für die Ausstrahlung im Kinderprogramm beachten muss, konnte ich diese Darstellung in *The New Tomorrow* nicht verwenden.

Wie ich bereits in *Keeping the Dream Alive* geschrieben habe, bin ich immer noch stolz auf *The New Tomorrow* und finde, dass die Besetzung und die Crew einen fantastischen Job gemacht haben. Ich meine nur, dass sich alles zu einer Version für ein viel jüngeres Publikum entwickelt hat, als es ursprünglich geplant war. Und da ist überhaupt nichts falsch dran. Die Serie funktioniert und hat ihren eigenen Wert.

Ein weiterer Aspekt, warum ich diese Version des Drehbuchs gewählt habe, ist die Schwierigkeit eine kurze Einführung einzubauen. Viele Vertriebe und Studios brauchten eine Hintergrundgeschichte, um sich keine Sorgen machen zu müssen, weil *The Tribe* eine ‚Kultserie' ist, die nicht allen bekannt ist. Den meisten Neuen im Publikum würde man wirklich jeden Charakter am Anfang vorstellen müssen.

Ich denke, dieser Einwand ist berechtigt. Also bin ich zurück zur ursprünglichen Rohfassung gegangen, um zu versuchen, der Kontinuität dessen, was in der Originalserie passiert, treu zu bleiben, aber auch die gleiche Geschichte ein wenig anders zu erzählen (besonders für Fans, die die Serie kennen).

Meine Hoffnung und mein Ziel war es, eine Version zu schaffen, die der bereits existierenden Fangemeinde gefallen würde (mit spannenden Elementen wie Flame und vielleicht einer etwas anderen Interpretation einer ähnlichen Ausgangssituation und ähnlichen Figuren und Figurenkonstellationen) zusammen mit einer Art Hintergrundgeschichte, die denen, die *The Tribe* nicht kennen, die W-Fragen beantworten würde.

Es ist sicher kein drehfertiges Skript, sondern eines, an dem noch gearbeitet wird. Und ich feile immer noch daran und entwickle es weiter und arbeite auch an ein paar anderen Versionen. Aber zumindest kann dieses fast als Sammleredition für die dienen, die Hintergrundinformationen und alles Mögliche zu *The Tribe* möchten.

Wir haben sehr viel Material, das wir vielleicht in Zukunft veröffentlichen werden. Darunter sind Style-Guides und Kostüm- und Make-up-Designs. Alles Mögliche an Wissenswertem und Material, was vielleicht zum Sammeln interessant wäre.

Ich werde bestimmt zukünftige Handlungsstränge mit A.J. besprechen und die Möglichkeit einer Erweiterung des Games untersuchen und auch darüber nachdenken einen zweiten Teil von *Keeping the Dream Alive* zu schreiben.

Aber zusätzlich dazu, dass ich die Cloud-9-Firmen-Gruppe leite und unser Repertoire vertreibe, bin ich damit beschäftigt ein Produktportfolio zu entwickeln, und ganz oben auf der Liste steht gewiss immer noch eine Tribe-Fortsetzung.

Ich kann nicht versprechen, dass daraus etwas wird. Aber ich kann versprechen, dass wenn nicht, es nicht daran liegen wird, dass ich es nicht versuche.

Ich hoffe, ihr lest das Drehbuch gerne.

Und hoffentlich hat euch wenigstens die Gelegenheit gefallen euch ein bisschen darüber auf den neuesten Stand zu bringen, was in den letzten Jahren seit der Veröffentlichung von *Keeping the Dream Alive* im Jahr 2011 passiert ist.

Wie immer bedeutet es der Besetzung, der Crew und mir selbst sehr viel. Besonders, dass wir seit all den Jahren eure Loyalität und Unterstützung haben. Es erfüllt uns mit großer Demut und berührt uns sehr.

Also danke, dass ihr für uns da seid.

Und vor allem, egal auf welches Hindernis, welche Herausforderung ihr in euren Leben stoßt, erhaltet euren Traum immer am Leben.

Alles Liebe an euch alle.

Raymond Thompson MNZM.

Dezember 2022 (in der englischsprachigen Originalausgabe)

Vom Englischen ins Deutsche übertragen von Manuela Würz im Dezember 2024.

THE TRIBE

Geschrieben

von

RAYMOND THOMPSON

(inspiriert von der Kultfernsehserie
The Tribe)

Raymond Thompson

AUFBLENDE

AUßEN. VERLASSENE STRAßE. TAG.

Bezeichnende Graffitis an den Wänden, darunter ausgefeilte Streetart, auf der steht ‚Locos Rule'.

Qualmende Fahrzeuge. Geplünderte Gebäude. Eine Zeitung weht (wie Steppenläufer) im Wind.

Die verbleichende, angebrannte Überschrift verkündet, dass die Pandemie noch nie zuvor dagewesene Ausmaße erreicht.

Eine umhertrottende Kuh sucht inmitten von Beton einen Platz zum Grasen in den geisterhaften verlassenen Straßen. Es gibt Anzeichen dafür, dass die Natur die Stadt zurückerobert, Stiele und Blattadern von Pflanzen klettern Wände hoch, Baumwurzeln durchbrechen Fundamente.

Und wir entdecken einen wild und schmutzig aussehenden KLEINEN JUNGEN, der in Lumpen gekleidet ist. Er hebt einen primitiven Bogen an, schiebt einen Pfeil aus einem Köcher hinein und zielt.

                    BRAYS STIMME
          Die Welt begann ohne die
          Menschheit ...

AUßEN. DACH. HOCHHAUS. TAG.

BRAY überquert vorsichtig das Dach.

Da er einmal ein Gamer war, der auf Mangas und alles Japanische (Shinto, Bushidō, was so viele der Online-Spiele, die er einst gespielt hat, inspiriert hat) stand, ist er sehr ‚Zen-mäßig' drauf. Geheimnisvoll. Erfolgreich in Martial Arts. Er strahlt ein ruhiges Selbstbewusstsein aus. Fühlt sich mehr zu natürlichen als zu materiellen Dingen hingezogen. Er sieht sich als Naturmensch und wurde eindeutig auch von der Natur beeinflusst. Er hat Flachspflanzen und Federn als Verlängerungen in seine Haare eingeflochten.

Nun hat er den Rand des Daches erreicht und schaut auf die Umgebung der verlassenen Stadt hinaus.

> BRAYS STIMME
> Und ich fange an zu glauben, dass sie ziemlich genauso enden wird.

AUßEN. VERLASSENE STRAßEN. TAG.

Whoosh! Ein Pfeil fliegt durch die Luft, streift die Kuh und schlägt in einen Baum ein. Die Kuh rennt weg. Der in Lumpen gekleidete KLEINE JUNGE senkt mutlos den Bogen.

EIN SATELLIT

umkreist MUTTER ERDE mit ‚GEREDE' von
Neuigkeiten. Irgendetwas von großem
Ausmaß passiert weltweit. Eine Vielzahl
von STIMMEN in verschiedenen Sprachen ist
zuhören, durch die wir deutschsprachige
Fetzen aufschnappen.

>   STIMMEN
>   Der Sicherheitsrat
>   trifft sich erneut zu
>   einer geschlossenen
>   Notfallsitzung.
>   Währenddessen werden Teile
>   der Bevölkerung getestet, um
>   diejenigen zu identifizieren,
>   die vermutlich gefährdeter
>   sind.

AUßEN. EVAKUIERUNGSCAMP. TAG.

Eine lange Schlange bestehend aus KINDERN
und JUNGEN MENSCHEN, darunter ein etwas
jüngerer ZOOT, der noch eingeführt werden
muss. Es wird angestanden, um sich von
OFFIZIELLEN, die hinter Schreibtischen
sitzen, untersuchen zu lassen.

Die OFFIZIELLEN tragen alle Schutzmasken.
Manche nehmen Blutproben, messen Fieber,
untersuchen die Kinder. Andere stempeln
Papiere: INFIZIERT, NICHT INFIZIERT.

ZOOT ist am Schreibtisch angekommen

und blickt voller Verachtung auf die
OFFIZIELLEN. Dann holt er plötzlich aus,
reißt einem OFFIZIELLEN die Maske runter,
nimmt ihm den Stempel aus der Hand und
jagt ihm diesen in die Stirn, stempelt
ihn als INFIZIERT ab.

SICHERHEITSPERSONAL kommt hinzu.

ZOOT springt auf den Schreibtisch und
brüllt mit fanatischer Intensität, als
er die jungen Menschen in der langen
Schlange anspricht.

                    ZOOT
          Erhebt euch! Übernehmt die
          Kontrolle!

INNEN. GESCHLOSSENE KAMMER. TAG.

WISSENSCHAFTLER, die beinahe unheimlich
aussehen, futuristisch, als wären sie
nicht von dieser Welt, tragen Schutzmasken
mit Kopfteil und Dekontaminationsanzüge,
während sie Reagenzgläser untersuchen.

                    BRAYS STIMME
          Eine Weile lang dachten wir
          alle, es sei nur ein Virus,
          der mutiert ist. Ja, klar!
          Aber das waren nur Lügen.
          Eine Vertuschungsaktion der
          Weltregierungen. Oder doch
          nicht?

AUSSEN/INNEN. KRANKENHAUS. TAG.

Unruhe. ZU GROßE MENSCHENMASSEN. Panik.
SICHERHEITSPERSONAL und REZEPTIONISTEN
kommen mit der Lautstärke und den
ansteigenden verzweifelten, ängstlichen
MENSCHENMASSEN nicht zurecht, und wir
hören eine Ansammlung von abgehackten
STIMMEN, die betteln, flehen.

> ANSAMMLUNG VON STIMMEN
> (ÜBERLAPPUNG)
> Bitte, ich BRAUCHE einen
> Arzt! Kommen Sie schon,
> wir warten seit über drei
> Stunden! Wo können wir
> uns sonst impfen lassen?!
> Wenn die Ärzte und
> Krankenschwestern alle so
> beschäftigt sind, wie wär's
> dann mit dem Impfstoff?
> Geben Sie mir den Impfstoff,
> und ich werde mich verdammt
> nochmal selbst impfen! Ich
> habe Fieber! Ich brauche
> einen Arzt – SOFORT!

> BRAYS STIMME
> Was immer es war, eines ist
> sicher, es gab wirklich
> kein Heilmittel – und keine
> Hoffnung. Vor allem nicht
> für all die Erwachsenen.

AUßEN. FRIEDHOF. TAG.

Eine etwas jüngere AMBER, die noch eingeführt werden muss, legt aufgelöst Blumen auf die Gräber ihrer Eltern, die vor Kurzem verstorben sind, nieder.

Als die Kamera sich zurückzieht, sehen wir, dass der Friedhof knackvoll ist. Viele neue Beerdigungszeremonien werden gleichzeitig abgehalten. Es gibt riesige Verluste.

INNEN. HAUS. TAG.

Eine FAMILIE umarmt sich. Alle halten sich aneinander fest. Es ist ein herzzerreißender Abschied. KINDER und ELTERN weinen, während sie einen NACHRICHTENSPRECHER im Fernsehen sehen.

> NACHRICHTENSPRECHER
> Die Verantwortlichen
> fordern zur Ruhe während
> der Evakuierung auf. Den
> unter Achtzehnjährigen, die
> ein Zertifikat vorweisen
> können, das sie als nicht
> infiziert ausweist, wird
> Priorität eingeräumt.

MONTAGE - SPLIT SCREEN

Volle Flughäfen, Bahnhöfe. Panik. Chaos. MENSCHEN drängeln, kommen aber nur mühsam voran und kämpfen darum, in die Züge und durch die Abfluggates von Fluggesellschaften zu kommen.

> BRAYS STIMME
> Vielleicht war es ein wissenschaftliches Experiment, das katastrophal schiefgegangen war. Manche glaubten sogar, das alles sei aufgrund von Genexperimenten passiert. Oder wegen biologischer Kriegsführung. Das ist das Problem, wenn man nicht weiß, wem – oder was man noch glauben soll.

Ein MANN drängelt sich in der Schlange vor, um wenigstens ein paar Meter voranzukommen. Er wird erschossen – getötet – von einem frustrierten ZOOT, der wie im Wahn zu schießen beginnt und über die ganze Panik hinwegbrüllt.

> ZOOT
> Power und Chaos! Power und Chaos!! Power und Chaos!!!

Das schwache Abbild jeglicher Ordnung ist verschwunden. SICHERHEITSLEUTE können die panische, wilde Menge nicht kontrollieren, gehen in Deckung und erwidern das Feuer, während ZOOT sich menschliche Schutzschilde schnappt und sich immer noch schießend, aber nun wie verrückt lachend zurückzieht.

                    BRAYS STIMME
          Oder war es nur Wut, die
          uns alle in den Abgrund
          getrieben hat? Hinein in
          diese verrückte Welt des
          Wahnsinns, in der wir jetzt
          Leben?

MEHRERE ZERRISSENE BILDER (ALS OB DER BILDSCHIRM ZERSPRINGT)

Eine Massenflucht von MENSCHEN, die die kleinen und großen Städte verlassen. Schlangen von FLIEHENDEN, die zu Fuß unterwegs sind. Staus auf dem Freeway, panische GESICHTER, ängstliche KINDER, Gebrüll, Geschrei, Verkehrskollaps. Zersprungene, zerrissene Bilder, als ob die Gesellschaft auseinanderbricht, Mutter Erde stirbt.

AUßEN. VORSTADT. TAG.

Unheimlich aussehende SICHERHEITSFAHRZEUGE mit getönten Scheiben (damit man die Insassen nicht sehen kann), fahren durch die verlassenen Straßen. Eine unheimliche Stimme dröhnt durch einen Lautsprecher.

> STIMME
> (verzerrt)
> Code eins. Die Isolierung
> ist in Kraft.

> BRAYS STIMME
> Ist das wirklich das Ende?
> Oder nur der Anfang?

AUßEN. VERLASSENE STADT. TAG.

BRAY spannt sich auf dem Dach des Hochhauses an, als er das entfernte Geräusch einer pulsierenden Sirene (von einem nicht sichtbaren Polizeiwagen) hört, und duckt sich weg.

> BRAYS STIMME
> Die einzige Frage ist: Der
> Anfang wovon? Vom Ende?

AUßEN. STADT. VERLASSENE STRAßEN. TAG.

Der Lumpen tragende KLEINE JUNGE, den wir zuvor jagen gesehen haben, rennt nun durch die leeren, geisterhaften Straßen. Mit Vollgas. Er wimmert. Ist vollkommen von Panik ergriffen. Schaut immer wieder heimlich voller Angst zurück, während das ferne Geräusch der Sirene außerhalb des Bildes lauter und lauter wird.

Der KLEINE JUNGE wird von einer wilden, beängstigenden, bedrohlich aussehenden

SICHERHEITSSTREIFE der Locos gejagt, die auf Rollerblades hinter ihm her rast.

Der KLEINE JUNGE ist ein STREUNER. Einer von denen, die zu keinem Tribe gehören und auch von keinem beschützt werden. Das ist gefährlich. Aus einem Tribe verbannt zu werden ist wie ein Todesurteil. So schwer ist es sich auf diesen Straßen, in den Städten der Kinder alleine durchzuschlagen, ganz zu schweigen von den Vorstädten oder dem verlassenen Land drumherum, wo jetzt nur noch die Jugend wohnt.

Die LOCO-STREIFE hat den Streuner schließlich eingeholt, schleudert ihn mit ausgestreckten Armen und Beinen gegen eine Wand und durchsucht ihn.

Eine ERKUNDUNGSSTREIFE DER RATS

taucht aus dem Nichts (eigentlich aus einer Gasse) auf, kommt auf die LOCOS zu und überfällt sie.

Sie wird von AMBER, ihrer Anführerin, angeführt. Wir haben sie zuvor auf dem Friedhof gesehen. Sie sieht nun sehr flippig aus. Ihre Einstellung ist so attraktiv und einzigartig wie die engen Zulu-Knoten in ihren Haaren. Ihr ausdrucksstarkes Make-up und ihr grungeartiger individueller Kleidungsstil unterstreichen, dass sie selten einem Trend folgt. Stattdessen ist sie die Trendsetterin.

Eine weitere RAT in dieser Truppe, ist
die sinnliche und spirituelle Philosophin
und Medizinerin des Tribes – EDEN. Wie
AMBER ist auch sie eine fähige Kriegerin.

Nachdem sie ein paar beeindruckende
Schläge ausgetauscht haben, erkennt die
LOCO-STREIFE schnell, dass sie nicht
lange durchhalten wird, wenn sie sich
mit den RATS anlegt. Vor allem nicht,
wenn AMBER sich in ihrer spektakulären
Martial-Arts-Bewegung so dreht und sie
tritt. Also löst sie sich auf.

                    AMBER
          Alles OK? (Der Streuner
          nickt.) Wie heißt du?

                    STREUNER
          Sammy.

                    EDEN
          Was machst du hier? Im
          Loco-Sektor?!

                    SAMMY
          Ich suche was zu essen.

                    AMBER
          Oh, und die dachten, du
          seist ein Angreifer, der

AMBER (weiter)
Zoot ,zum Frühstück fressen`
wollte, schätze ich!

SAMMY lächelt nicht. AMBER tupft sanft
das Blut ab, das dem STREUNER vom Mund
herunterrinnt.

AMBER
Bist du schon immer ein
Streuner gewesen? (Er
nickt.) Nie Teil eines
Tribes? –

EDEN
(wissend, wohin das
führt)
Amber!

AMBER
Wir können ihn nicht
einfach zurücklassen. Schau
ihn dir an. Er hat keine
Chance, auf der Straße
zu überleben. Gar keine.
Nicht wenn Zoot bald wieder
,in Erscheinung tritt`.
(An die anderen gewandt):
Kommt. Lasst uns gehen. Wir
sollten uns lieber beeilen.
Solange wir's können!

AUF DEM DACH DES HOCHHAUSES

BRAY geht näher an den Rand des Daches und schaut auf den Stadtplatz herunter.

AUF DEM HAUPT-STADTPLATZ

Ein aufkommendes ohrenbetäubendes, fast unerträgliches Geräusch. Das Geräusch einer Streife, die sich außerhalb des Bildes in einem Polizeiwagen nähert. Immer näher und NÄHER kommt.

Die MITGLIEDER DES LOCO-TRIBES haben sich versammelt, sich in den Straßen aufgereiht. Es ist ein atemberaubender Anblick. Sie haben sich Kriegsbemalung das Gesicht hinunter geschmiert, tragen ungebändigte Dreadlocks und zusammengeklaute Klamotten. Sie sehen wild aus. Von allen geht nun fanatisches Kriegsgeheul und -geschrei aus.

Und der legendäre Krieger ZOOT, der auf einem umgebauten mit Graffitis bedeckten Polizeiwagen steht und von seinem Stellvertreter dem GUARDIAN und der LOCO-MILIZ, seiner Loco-Elitetruppe, die auf Rollerblades neben dem Wagen fährt, begleitet wird, trifft ein.

Wir können ZOOT, den wir zuvor gesehen haben, an seinen Dreadlocks wiedererkennen. Aber in dieser Gestalt ist er mit Kriegsbemalung beschmiert und sieht aus wie ein abtrünniger amerikanischer Ureinwohner. Er ist zum Teil mit Fellen und Federn bekleidet, trägt aber auch eine (bestickte) Polizeiuniform im Punkerstil und eine Militärmütze und Brille.

Hinter dem Wagen folgt eine lange Schlange verwilderter STREUNER mit gefesselten Handgelenken an lange Seile gebunden.

In dieser Welt gibt es immer noch kein Internet und keinen Strom. In vielerlei Hinsicht ist sie SEHR primitiv. Aber manche – die Mächtigen – wie Zoot – haben für Benzin Handel betrieben, um die sehr wenigen beschlagnahmten oder geplünderten Fahrzeuge zu betreiben.

WIR SEHEN BRAY.

Er schaut heimlich zu, hört sich an, wie ZOOT die Versammlung mit mehr als nur einer Spur von verrückter, fanatischer Überzeugung anspricht.

                    ZOOT
          Locobrüder und -schwestern,
          seht euch diese Streuner
          an. Die hätten einem Tribe
          wie den Locos beitreten
          sollen, stimmts? Dann wären
          sie nicht verdammt. Sondern
          beschützt! Nun lasst mich
          das Wort Zoots hören!

Er wirft die Arme in die Luft und verschränkt die Handgelenke, um den Einsatz für sein „Wort", sein Motto zu geben. Alle antworten gemeinsam, skandieren, sind wie zum Wahn angepeitscht.

> DER LOCO-TRIBE
> Power und Chaos! Power und
> Chaos!! Power und Chaos!!!

> BRAYS STIMME
> Manchmal frag ich mich, ob
> die von uns, die noch leben,
> in Wirklichkeit gestorben
> sind. Wie alle anderen. Und
> in die Hölle gekommen sind.

INNEN. GEPLÜNDERTE SHOPPINGMALL. TAG.

Jetzt eine eigene Festung (und Zuhause der Mall Rats).

Auf dem Hauptplatz spielt LEX mit ein paar anderen Mitgliedern der RATS Basketball. Er sieht stark und gut aus und verfügt über einen schroffen Charm. Man kann deutlich sehen, dass er sehr athletisch ist, als er den Ball mit einem Slam Dunk mit Leichtigkeit in den Korb befördert.

AMBER, EDEN, SAMMY und die ERKUNDUNGSSTREIFE, die wir zuvor in der Stadt gesehen haben, kommen an. AMBER ist gar nicht erfreut.

                    AMBER
          Schön zu sehen, dass hier
          aufgeräumt wurde, Lex!

Wurde es nicht, Es herrscht Chaos. Der
Bereich ist voll mit Klamotten und Müll.
LEX springt und dribbelt den Ball an ein
paar anderen SPIELERN vorbei.

                    LEX
          Lass gut sein. Wir machen
          nur Pause. Ich sorg schon
          dafür, dass das alles
          gemacht wird.

                    AMBER
          Das sagst du schon die ganze
          Woche.

                    LEX
          Hab ich dich je enttäuscht?

                    AMBER
          Ständig.

Er macht einen weiteren Korb, dann dreht
er sich um und schaut böse, als er SAMMY
bemerkt.

                    LEX
          Was zur Hölle ist ... das?!

                    AMBER
          Ich glaube, du meinst
          „wer", Lex. Leute, das ist
          Sammy!

Die anderen RATS nicken, und eine, die
Basketball gespielt hat, SALENE, geht auf
SAMMY zu, und sie lassen zur Begrüßung
die Fäuste sich berühren.

                    SALENE
          Hey, Sammy ... Salene.

Aber LEX starrt SAMMY, der sich sehr
unwohl fühlt, immer noch nur kalt an.

                    LEX
          Streuner sind hier nicht
          willkommen, Amber!

                    AMBER
          Na, du sorgst nicht gerade
          dafür, dass Sammy sich
          gleich wie zu Hause fühlt,
          oder?!

                    EDEN
          Lass ihn, Lex. Er ist nur
          ein kleiner Junge -

                    LEX
          Aber trotzdem ein Streuner.
          Diese Mall wird auf keinen

                    LEX (weiter)
          Fall zu einem Zuhause für
          Loser!

                    AMBER
          Das sagt der Richtige!

                    LEX
          Ich habe mir das Recht hier
          zu sein verdient. Genauso,
          wie du, Amber. Und wie alle
          anderen. Ich dachte, wir
          hätten uns darauf geeinigt,
          dass uns NUR durch Aufnahme
          jemand beitreten kann -

                    AMBER
          Niemand hat davon
          gesprochen, dass Streuner
          dem Tribe beitreten, Lex.
          Wir geben Sammy nur einen
          sicheren Unterschlupf.
          Erstmal. Und du gewöhnst
          dich besser dran. Vielleicht
          kommt heute Abend noch
          jemand.

AUßEN. VORSTADT. TAG.

BRAY fährt auf einem Skateboard durch
einen verlassenen verfallenden Teil einer
einst mittelständischen Vorstadt.

Durch eine unheimliche SUBJEKTIVE KAMERA

wirkt es, als ob er beobachtet, fast gestalkt wird, von irgendetwas, irgendwem.

BRAY spürt es, schaut sich unsicher um.

AUF EINER ANDEREN STRAßE

Als BRAY um eine Ecke biegt, sieht er es – Eine ROOSTER-STREIFE ist vor ihm, auf Geländemotorrädern die an jeder Seite eines Wagens fahren, der sich langsam nähert, aber aufgemotzt, umgebaut, mit Graffitis bedeckt.

BRAY hält an und sieht sich der bedrohlichen Streife direkt gegenüber.

> ANFÜHRER DER STREIFE
> Du dringst hier ein. Dieser
> Sektor gehört den Roosters!

> BRAY
> Seit wann? Ich dachte,
> dieser Sektor sei noch
> offen?

> ANFÜHRER DER STREIFE
> Seitdem die Roosters es so
> wollen! Und wir brauchen
> keine Erlaubnis von
> irgendeinem Streuner.

Die SUBJEKTIVE KAMERA KOMMT ZUM EINSATZ.

Kommt NÄHER ran … hält an … Kommt NÄHER
ran, hält an.

> BRAY
> Ich bin kein Streuner. Ich
> gehöre nur zu keinem Tribe.

> ANFÜHRER DER STREIFE
> Für mich macht dich das zum
> Streuner, Kumpel!

> BRAY
> Hör mal, ich will keinen
> Ärger.

> ANFÜHRER DER STREIFE
> Oh, du hast aber Ärger.
> Außer du hast was Wertvolles
> zum Tauschen.

> BRAY
> Zum Beispiel?

> ANFÜHRER DER STREIFE
> Dein Leben.

> BRAY
> Oh, und wie könnte das
> sein? Wenn ihr nur zu zehnt
> seid … gegen einen von
> meiner Sorte?

DER ANFÜHRER spottet verächtlich, gibt ein Zeichen. Zwei Mitglieder der STREIFE greifen an, werden aber von BRAY sehr schnell und mit Leichtigkeit ausgeschaltet. Er springt und wirbelt mit seiner Expertise und spektakulären Martial-Arts-Tritten herum, als sie versuchen ihn zu ergreifen.

EIN TIGER KOMMT ZUM VORSCHEIN.

Mit einem ohrenbetäubenden Brüllen macht er sich zum Töten bereit.

Die ROOSTERS zerstreuen sich in alle Richtungen, die Geländemotorräder rasen davon.

BRAY springt auf das Dach des Wagens, hält sich verzweifelt fest, als dieser beschleunigt, einen Schlenker macht und die Reifen in einer riesigen WOLKE von verbranntem Gummi QUIETSCHEN.

Und der TIGER ist hinter ihnen her – kommt schnell näher.

Ein HOF

Der Wagen schlittert außer Kontrolle, rammt einen Baum, kippt zur Seite um, und BRAY wird weggeschleudert. Er landet, rollt sich in Deckung. Es geht um sein Leben, während der TIGER an ihm vorbeigeht, wie im Flug auf den umgekippten

Wagen springt, mit den Pranken durch das zerbrochene Glas dringt und von den hysterisch schreienden INSASSEN frisst.

Während BRAY knapp davonkommt.

INNEN. GEPLÜNDERTES HAUS. VORSTADT. TAG.

Es ist schwer für eine sichtlich schwangere TRUDY, als sie auf ein zerrissenes Foto von ihren Eltern schaut und sich traurig an die letzten gemeinsamen Tage erinnert.

TRUDY ist attraktiv, aber ein bisschen verrückt auf witzige, liebenswerte Weise.

Jetzt verspürt sie einen stechenden Schmerz. BRAY kommt. Und sie bemerkt, dass er blaue Flecken hat, leicht blutet.

> TRUDY
> Was ist passiert?

> BRAY
> Keine Zeit für Erklärungen.
> Hast du alles?

> TRUDY
> Ich konnte nicht viel
> finden. So ziemlich alles
> wurde geklaut.

> BRAY
> Ich hab dich gewarnt.

BRAY wischt sich über seine Schnitte, während TRUDY das Foto zusammen mit ein paar anderen Gegenständen in einen Koffer stopft. Und sie verspürt wieder ein Stechen.

> BRAY
> Was ist mit dir? Bist du OK?

> TRUDY
> Denk schon. Es hätte uns gerade noch gefehlt, wenn ich hier Wehen bekommen würde.

> BRAY
> Wir können hierbleiben, wenn dir das lieber ist, Trudy.

> TRUDY
> Nein. Ich will nicht hierbleiben. Ich will das Baby nicht hier bekommen, Bray.

> BRAY
> Dann versuch dich auszuruhen. Wir haben bessere Chancen durch alle Sektoren zur Stadt zu kommen, wenn wir bei

BRAY (weiter)
Einbruch der Dunkelheit
aufbrechen. So ist es
sicherer.

INNEN. ZOOTS HAUPTQUARTIER. RATHAUS.
TAG.

Ein SKLAVENHÄNDLER und seine
SICHERHEITSLEUTE begutachten die
STREUNER, die wir zuvor gesehen haben.

HÄNDLER
Ich nehme den … und die …
Ich weiß aber nicht, ob ich
den nehme - sieht aus, als
wäre er am Sterben.

ZOOT
So haben wir nicht gewettet.
Du nimmst sie alle. Wenn
sie sterben, ist das nicht
mein Problem!

Er gibt dem GUARDIAN ein Zeichen, und
der nickt den LOCO-WACHEN zu, die die
STREUNER festhalten. Diese schreien vor
Qualen, als sie durch ein weißes heißes
Eisen, das aus einem Mülleimer mit
glühenden Kohlen geholt wurde, mit einem
‚L' gebrandmarkt werden.

HÄNDLER
Komm schon, Zoot. Tote

                    HANDLER (weiter)
          Sklaven sind wertlos.

                        ZOOT
               Tote Händler auch.

Er untersucht die Kisten mit Gemüse und
anderen Erzeugnissen.

                        ZOOT
               Könnte ein echtes Problem
               sein, wenn dir etwas
               passieren würde, und mir
               deshalb meine Vorräte
               wegbrechen würden. Stell dir
               das mal vor. Wenn du keine
               Geschäfte mehr machst, und
               ich dich nicht beschütze,
               wer weiß? Du könntest sogar
               selbst gebrandmarkt werden!

Er lächelt eiskalt, genießt die Reaktion
des HÄNDLERS.

                        ZOOT
               Was ist los mit dir?
               Gefällt dir die Vorstellung
               nicht? Das ist gar nichts.
               Tut nur ein bisschen weh.
               Schau mal! Es könnte dir
               vielleicht sogar gefallen.
               So wie mir. Aber das liegt
               vielleicht daran, dass ich
               ein Loco bin.

Er zieht sich einen Schutzhandschuh an und greift das Brandeisen. Der GUARDIAN und die LOCO-WACHEN jubeln, als ZOOT sich das Eisen in die eigene Wange presst.

ZOOT zuckt nicht mal, sondern schafft es inmitten des Schmerzes zu grinsen, als Dampf aus seinem Gesicht strömt, und wir das glimmende „L" sehen können.

> ZOOT
> Versuch nie mit mir zu
> verhandeln! Denk dran: Diese
> Sklaven sind nur geliehen.
> Sie gehören mir. Und den
> Locos. Genau wie du!

Der HÄNDLER nickt.

> ZOOT
> Falls du es vergisst … (an
> die Wachen gewandt): Ihr
> haltet euren Mann besser
> fest. Macht schon!

Sie schauen ZOOT an, dann ergreifen sie die Arme des HÄNDLERS, um ihn festzuhalten. Und der HÄNDLER schreit vor Qualen, als ZOOT ihm das Eisen mit mehr als nur einer Spur von manischer Genugtuung in die Wange taucht.

                    ZOOT
        Die Locos haben alle Macht
        und kontrollieren das ganze
        Chaos. Und ich mache die
        Regeln. Und hier ist eine
        neue für dich: Stell mich
        nie wieder in Frage!

AUßEN. BERGE. TAG.

DIE KAMERA bewegt sich über eine
ansehnliche Berggegend,

um FLAME hervorzubringen.

Der befindet sich GANZ oben auf einem mit
Schnee behangenen Gipfel, von dem aus man
ein atemberaubendes Panorama überblicken
kann.

Und es ist ein surrealer Anblick. Der
charismatische Anführer der Privileged,
spielt virtuos großartige Gitarrenriffs.

Der ultimative Gitarrenheld. Lange blonde
Haare wehen im Wind, während er wie in
Trance Headbanging macht, inmitten der
ohrenbetäubenden, pfeifenden Rückkopplung
und den großartigsten, heulenden Riffs
auf der E-Gitarre, die man je gehört hat
und die im ganzen Land widerzuhallen
scheinen.

FLAME ist anstrengend, temperamentvoll,
ständig gereizt, sogar zickig — und man

könnte uns verzeihen, wenn wir uns fragen würden, ob er androgyn ist. Männlich? Oder weiblich? Er sieht echt gut aus. Sogar wunderschön. Der ultimative Rockstar-Gott.

AUßEN. FELDER. KIEFERNWALD. BERGE. TAG.

Die DISCARDS, die Bauernsklaven der Privileged, bearbeiten das Land.

Die Musik und die Rückkopplung hallen immer noch überall wider.

In weiter Ferne kann man FLAME sehen. Sonnenstrahlen stechen über der Spitze des Berggipfels hinter ihm hervor, rahmen ihn so ein, dass er fast wie ein Gott hoch oben im Himmel AUSSIEHT.

Die DISCARDS sind alle in Ketten. Pflanzen Dinge ein und kümmern sich um Kulturen. Und anders als ihre Herrinnen und Herren sind sie alle sichtlich übergewichtig und unattraktiv, haben Strichcodes auf ihre Arme tätowiert.

WIEDER AUF DEM BERG.

Flames Stellvertreterin HARMONY und ihre SICHERHEITSLEUTE schauen FLAME dabei zu, wie er immer noch wie in Trance Headbanging macht. Seine Finger bluten, während er sie über die Bünde bewegt und die Saiten beugt, noch mehr HEULENDE großartige Riffs spielt.

HARMONY ist absolut umwerfend, langes geflochtenes Haar, ein Blitz-Tattoo über einer Wange. Aber sie ist auch hinterhältig, intrigant, berechnend, die wahre Macht hinter dem Thron.

Gerade deutet sie gegenüber dem großgewachsenen Bodyguard OX auf FLAME.

                    HARMONY
          Holt ihn besser runter. Er
          hatte mehr als genug Zeit.

WIR SEHEN FLAME,

wie er OX und die SICHERHEITSLEUTE kommen sieht. Dann dreht er sich plötzlich um, rennt und springt vom Berg herunter.

Und kann es sein, dass er TATSÄCHLICH FLIEGT?

DIE DISCARD-BAUERN

schauen zu FLAME hoch. Der dreht und wendet sich kopfüber im freien Fall - und hält dabei die ganze Zeit immer noch seine Gitarre fest und versucht zu spielen.

FLAME

wird plötzlich von einer Rebe/einem Seil an einem seiner Beine hochgezogen (wie beim Bungeejumping). Und er jubelt und beginnt inmitten der ganzen RÜCKKOPPLUNG wie verrückt zu lachen, als er wieder nach oben katapultiert, geschleudert wird. Und aus seinem Griff rutscht –

DIE GITARRE.

Die dreht sich, fliegt durch die Luft und landet in der Nähe –

von EINEM ÜBERRASCHTEN DISCARD-SKLAVENMÄDCHEN.

Das geht auf die Gitarre zu, hebt sie auf, ist baff – und überwältigt von Emotionen, während es das Instrument verzückt ganz fest in die Arme schließt.

AUßEN. AUF DEN STRAßEN DER STADT. NACHT.

BRAY und TRUDY bewegen sich vorsichtig, durch die dunklen und verlassenen Straßen der Stadt, verstecken sich.

Und entgehen knapp der Gefahr, als eine NACHTSTREIFE der Locos mit ein paar GEFANGENEN DEMON DOGS vorbeizieht. Diese werden geführt, da sie gefesselt sind, mit einem Seil, mit Ketten.

INNEN. SHOPPING MALL. NACHT.

Wir befinden uns in einem geplünderten Spielzeugladen. Aber es fühlt sich mehr wie eine Kathedrale aus dem Dunklen Zeitalter an – ein albtraumhaftes Bild – die Kerzen beleuchten Spielzeuge auf Regalen auf groteske Weise mit flackerndem Licht.

Dasselbe geschieht mit Fotos von Erwachsenen, von Eltern, Lehrern, Familienmitgliedern, die zuvor verstorben sind, die in den Regalen wie in einem Schrein aufgereiht sind.

Die meisten der jüngeren Mitglieder der RATS knien vor dem Schrein, haben die Hände gefaltet und beten vor dem Schlafengehen.

Aber MOUSE macht EDEN verrückt, weil sie sich weigert ins Bett zu gehen. Sie ist winzig, ungefähr sieben Jahre alt, wie eine kleine Sprengstoffbox, wirklich ein Haufen Arbeit, wenn sie auf ihrem Bett auf und ab springt, als wäre es ein Trampolin.

                    EDEN
          Jetzt ist es genug, Mouse!

                    MOUSE
          Ich bin nicht müde.

                    EDEN
          Na ich schon. Kommt schon.

EDEN (weiter)
Ihr solltet alle längst im
Bett sein.

SAMMY ist bereits in einem Etagenbett.
Die anderen kleinen RATS, unter ihnen
MOUSE, steigen in ihre Betten, und EDEN
deckt sie zu.

MOUSE
Ich hab Angst, Eden!

EDEN
Wovor?

MOUSE
Dass die Locos kommen. Und
uns alle gefangen nehmen!

EDEN
Die Mall ist gut bewacht,
Mouse. Das weißt du. Denk
dran: Angst macht den Wolf
größer, als er ist.

MOUSE
Wolf?! Welchen wolf?!!!

EDEN
Beruhige dich. Das ist nur
eine Redensart.

                    MOUSE
Die Locos aber nicht. Die
gibt's wirklich. Und sie
könnten sogar versuchen uns
zu fressen!

SAMMY zuckt bei dem Gedanken zusammen.
Und ein paar der jüngeren RATS verstecken
sich unter ihren Bettdecken.

                    EDEN
Was!? Das würden die Locos
nie tun -

                    MOUSE
Lex hat gesagt, es könnte
sein!

                    EDEN
Naja, Lex sagt viel und
manchmal könnte es besser
für dich sein zu versuchen
ihm nicht zuzuhören. Und
ich gehe davon aus „Lex"
wollte dich beschützen?

                    MOUSE
Wenn ich seine Wäsche
mache.

                    EDEN
Wie konnte er nur? Ehrlich,
das hättest du mir sagen

                    EDEN (weiter)
sollen. Oder Amber.

                    MOUSE
Erzählst du uns eine
Geschichte? Könnte mir
dabei helfen, diese
gemeinen Locos aus dem Kopf
zu kriegen.

                    EDEN
Es ist spät.

                    MOUSE
B-i-t-t-e!

                    EDEN
Du bist mir vielleicht
eine, wirklich. OK, eine
kurze Geschichte. Alle
bereit?

MOUSE und die jüngeren RATS nicken, machen
es sich in ihren Betten gemütlich.

                    EDEN
Es war einmal ein kleines
Mädchen Namens Mouse.
(Mouse gefällt das.) Eines
Tages lernten sie und all
ihre Freunde einen NEUEN
Freund kennen. Und sein
Name war

EDEN (weiter)
Sammy. (Ihm gefällt das
auch.) ...

IN DER ESSENSHALLE

Generatoren, die auf niedrigem Niveau
laufen, sorgen dafür, dass das Licht
flackert. AMBER und SALENE versuchen
etwas zu essen zu machen. AMBER seufzt
frustriert, als das Licht weit runtergeht
und unheimliche Schatten wirft.

AMBER
Du musst dein Team dazu
bringen, zu versuchen diese
Generatoren in den Griff zu
bekommen, Jack. Ich kann
kaum etwas sehen!

JACK und DAL, zwei Mitglieder des Tribes,
die wir noch nicht gesehen haben, sitzen
mit LEX und ein paar anderen RATS in
der Nähe. Mit Ausnahme von LEX sind die
meisten in Rollenspielverkleidung.

DAL trägt ein Darth-Vader-Kostüm, einen
langen schwarzen Mantel und einen Helm. Ein
paar andere tragen andere Maskierungen.
JACK trägt einen Dekontaminationsanzug
mit Kopfteil, und alle sehen ein wenig
merkwürdig aus.

JACK
(undeutlich unter dem
Kopfteil)
Wir machen uns gleich dran.
Nachdem wir dieses Spiel
fertiggespielt haben. Wird
nicht lange dauern.

LEX
Ich versteh die Eile
nicht. Bald wird die ganze
gottverdammte Welt dunkel
sein. Und kein Generator
wird da je was ausrichten
können. Also sollten wir
uns alle besser daran
gewöhnen.

AMBER
Na das ist doch mal ein
positiver Gedanke, um den
Tag zu beenden, was Lex?

LEX
Stimmt doch.

AMBER
Nicht wenn ich es verhindern
kann.

AUßEN. GEPLÜNDERTE SHOPPINGMALL. NACHT.

Der Deckel des Schachts wird mit einem

Metallhebel gelöst.

INNEN. ESSENSHALLE. GEPLÜNDERTE SHOPPINGMALL. NACHT.

AMBER und SALENE bereiten weiter Essen zu und beobachten die rollenspielenden RATS leicht amüsiert.

DAL verteilt ein paar selbstgemachte Karten. LEX sieht sie an, würfelt. Eine Vier.

>   LEX
> Also … Was mach ich jetzt?

>   JACK
> Du gehst vier Felder vor.
> Dann ziehst du noch eine
> Karte und schaust, welches
> Fertigkeitslevel du jetzt
> hast. Warte. Ich hab gesagt,
> vier, Lex. Du bist genau an
> der Grenze. Das könnten drei
> sein. Oder fünf.

LEX tut das, ist aber nicht so begeistert von dem Ganzen.

>   LEX
> Was ist los mit dir? Du
> musst immer alles so genau
> nehmen.

                    JACK
          Da geht es darum effizient
          zu sein, Lex.

                    LEX
          Nein. Da geht es darum ein
          Nerd zu sein.

INNEN. KANALISATION. SHOPPINGMALL. NACHT.

FÜßE steigen von einer Metallleiter in
eine Kanalisation hinunter.

INNEN.   ESSENSHALLE.   GEPLÜNDERTE
SHOPPINGMALL. NACHT.

Die rollenspielenden RATS

                    JACK
          Also … wer willst du von
          jetzt an sein? Einer von
          den Wissenschaftlern, die
          gentechnische Experimente
          durchführen? Oder einer
          von der geheimen Dunklen
          Seite, die biologische
          Kriegswaffen loslässt? Oder
          einer von der Regierung,
          die vertuscht, dass es nur
          ein mutierter Virus war?

                    LEX
          Wie wär's mit einer zu Tode
          gelangweilten Mall Rat?

>   JACK
> Ich kann nichts dafür, dass
> wir kein Internet und kein
> Online-Gaming haben, Lex.
> Und das ist das Beste, was
> ich hinkriege. Wenn's dir
> nicht gefällt, musst du's
> nicht spielen!

>   LEX
> Ich LEBE schon so. Warum
> zur Hölle sollte ich es
> spielen wollen?

>   JACK
> Naja, vielleicht hätten wir
> ALLE sehr viel mehr Spaß
> an dem Spiel, wenn du nicht
> betrügen würdest!

LEX sieht JACK an.

>   JACK
> Ah, du hast gedacht, ich
> würde es nicht merken, was?
> Ich hab gesehen, wie du dir
> die zusätzliche Karte in
> die Tasche gesteckt hast!

INNEN. KANALISATION. SHOPPINGMALL. NACHT.

Eine echte RATTE huscht vorbei, und wir
sehen den Strahl einer Taschenlampe durch
die Dunkelheit schneiden und zwei sich

nähernde GESTALTEN umreißen.

INNEN. ESSENSHALLE. GEPLÜNDERTE
SHOPPINGMALL. NACHT.

JACK schluckt plötzlich nervös, als LEX
aufsteht.

> LEX
> Niemand wirft mir Betrug
> vor. Niemals. Selbst, WENN
> ich betrüge.

> JACK
> Das ergibt überhaupt keinen
> Sinn.

Er zuckt zusammen, als LEX eine Faust
ballt.

> JACK
> OK, OK, es MACHT Sinn.

> AMBER
> Das reicht, Lex!

> LEX
> Der alte Lexy ist so ein
> cooler Typ. Und ich glaube,
> du solltest besser sagen,
> wie cool ich doch bin. Wenn
> du weißt, was gut für dich
> ist. Betrügen kann seine
> Vorteile haben.

             AMBER
Du hast manchmal eine
wirklich merkwürdige Art,
die Dinge zu sehen, Lex.

             LEX
Wer hat alle mehr als ein
Mal gerettet, indem er
gerissen war? Ich! Das würde
ich nicht „merkwürdig"
nennen. Und ich verdiene
etwas Respekt!

EDEN kommt.

             EDEN
Was ist los?

             AMBER
Das Übliche! Lex das
Alphamännchen markiert
sein Revier, indem er jedem
zeigt, wie ‚knallhart' er
ist.

             LEX
Sekunde. Häng das nicht
mir an. Es war nicht meine
Schuld!

             SALENE
Doch war es, lex.

                    AMBER
        Wenn es nicht eine Sache
        ist, ist es eine andere.
        Und ich hab die Nase voll
        von dem dauernden Gezanke -

                    JACK
        Eigentlich war es kein
        Gezanke, Amber. Ich hab Lex
        nur Betrug vorgeworfen und
        bin dann bedroht worden -

                    AMBER
        Komm, hör auf! Wir sollten
        uns auf wichtigere
        Dinge konzentrieren.
        Anstatt unsere Zeit mit
        Spielespielen und Streiten
        zu verschwenden. Das hat
        keine Zukunft.

                    LEX
        Es gibt überhaupt keine
        Zukunft. Nicht mehr. Falls
        du's ‚vergessen' hast? Wir
        sind allein.

Ein ALARM.

                    JACK
        Hört sich nicht so an.

Kampfzustände. Panik. Anspannung. AMBER
seufzt vor sich hin, Während EDEN, DAL,

JACK und SALENE sich in Bewegung setzen, um Waffen in Form von Schlägern und Stöcken zu holen. LEX organisiert die MILIZ, die zusammenkommt.

> LEX
> Macht den Hauptbereich zu.
> Bewegt euch!

IM HAUPTBEREICH

Hände ziehen an Hebeln. Gitter schießen hinunter.

Die jüngeren RATS, unter ihnen MOUSE, kommen in den Bereich gerannt, klammern sich zum Schutz an die älteren RATS, die auch ankommen, gefolgt von AMBER.

> MOUSE
> Wer ist da? Die Locos?!!!

AMBER versucht irgendwie alle zu beruhigen.

> AMBER
> Es sind nicht die Locos.
> Ich WEIß, wer es ist, OK?
> Also entspannt euch.

Erleichterung und SCHWEIGEN kommen auf, als man sieht, dass statt irgendeines feindlichen Eindringlings -

BRAY und TRUDY in die Mall gekommen sind.
Die sind perplex, als sie –

DAL gegenüberstehen, der aber gerade wie
Darth Vader aussieht, und JACK, der in
seinem Dekontaminationsanzug ebenfalls
nicht wie von dieser Welt aussieht, und
den ganzen merkwürdigen KOSTÜMEN und
MASKEN von denen, die sich zum Rollenspiel
verkleidet haben. Hinzu kommen die
KLEINEN, die in ihren Schlafanzügen,
so aussehen, als kämen sie aus einer
surrealen Version von Peter Pan.

Die anderen RATS, die keine Rollenspiele
spielen, haben alle bis auf AMBER ihre
Waffen erhoben und einsatzbereit.

> AMBER
> Tretet zurück. Alle. Diese
> Leute sind keine Feinde.
> Ich hab euch doch gesagt,
> dass wir vielleicht noch
> mehr Gesellschaft erwarten,
> erinnert ihr euch?

INNEN. FLAMES PRIVATRÄUME. FERIENANLAGE
DER PRIVILEGED. NACHT.

Brennende Fackeln werfen unheimliche
Schatten. Das DISCARD-MÄDCHEN, das wir
zuvor in den Sklavenfeldern gesehen
haben, reibt sich nun an der Gitarre,
die es aufgehoben hat, fährt sinnlich
mit der Zunge über die Kurven des Holzes,

streichelt das Instrument.

Es wird teilnahmslos von FLAME, HARMONY und OX beobachtet, die von DIENERN umgeben sind. Manche sind wunderschöne androgyne Wesen.

Wir kommen nicht umhin eines zu bemerken: Die PRIVILEGED sehen alle echt gut aus, sind verwöhnt, dekadent, das ultimative Beispiel dafür, was alle jungen Menschen durch Gruppenzwang erleiden: Denk nicht mal dran, nicht den perfekten Körper zu haben, nicht superhipp, cool, attraktiv zu sein.

Schließlich stöhnt das DISCARD-MÄDCHEN vor lauter orgasmischem Vergnügen auf.

                    FLAME
          Sehr schön! 54, Hohner.
          Bünde aus reinem Elfenbein.
          Stark gespannter Hals.
          Sexy!

                    HARMONY
          Du willst sie?

                    FLAME
          H-a-l-l-o ...

So erotisch das alles auch war – beim Anblick des DISCARD-MÄDCHENS regt sich bei FLAME nichts, und er spottet, ist

73

beinahe beleidigt.

> FLAME
> Ich rede von der Gitarre –
> nicht von ‚ihr', Harmony.
> Ich meine, sieh sie dir
> doch an. Kannst du dir das
> vorstellen?

> HARMONY
> Tja, du hast den Mann
> selbst gehört. Nimm etwas
> ab und eines Tages bist du
> vielleicht eine Kandidatin
> für die Privileged. Im
> Moment bist du immer noch
> eine Discard. Zurück auf
> die Sklavenfelder mit dir,
> Mädchen. (An Flame gewandt):
> Kriegt sie eine Belohnung
> dafür, dass sie die Gitarre
> zurückgebracht hat?

> FLAME
> Gib sie Ox. Als Geschenk
> für die Nacht. Von mir.
> Selbst wenn es etwas viel
> ist – dann hast du viel zum
> Reinbeißen, Ox.

OX grinst, nickt einem spöttelnden FLAME
dankbar zu und leckt sich die Lippen.
Das hört sich gut für ihn an. Auch
wenn das gedemütigte DISCARD-MÄDCHEN

offensichtlich weniger angetan von der Vorstellung ist.

INNEN. SHOPPINGMALL. NACHT.

Die Generatoren werden immer noch schwächer, was zu flackerndem Licht führt. JACK, DAL und ihr Team arbeiten an dem Generator in der Nähe.

Die anderen RATS sind, mit Ausnahme von den Jüngeren, in der Essenshalle versammelt. Und TRUDY hat stechende Schmerzen.

> AMBER
> Sicher, dass du OK bist, Trudy?

> TRUDY
> Denk schon.

> LEX
> Na, ich bin es ganz sicher nicht! Ich hab Fremden noch nie getraut -

> AMBER
> Ich hab's dir schonmal gesagt, Trudy ist keine „Fremde". Sie ist eine alte Schulfreundin.

> LEX
> Ich hab nicht nur sie

LEX (weiter)
gemeint, Amber.

Er wirft BRAY einen kalten Blick zu, fühlt sich aber offensichtlich durch seine bloße Anwesenheit bedroht. Denn BRAY kann sich eindeutig mehr als gut gegen LEX verteidigen, der immer ein erstklassiger Kämpfer, der Beste war.

AMBER
Lex, ich hätte Bray nicht
engagiert, wenn ich glauben
würde, dass wir ihm nicht
trauen können. Einstein.

LEX
Selber Einstein. Ich und
die Rat-Miliz hätten dafür
sorgen können, dass Trudy
sicher in die Mall kommt,
um ihr Kind zur Welt zu
bringen, wenn du das
wolltest. Du musstest dafür
keinen Söldner anheuern.

AMBER
Ich behaupte nicht, dass
du und die Miliz nichts
draufhabt, Lex. Aber keiner
kennt die Sektoren so gut
wie Bray.

                    LEX
       Woher willst DU das wissen?

                    AMBER
        Na, einen Ruf wie Bray zu
        haben hilft natürlich. Und
        ich habe auch gedacht, dass
        du vielleicht einen Weg
        zum Stammestreffen für uns
        auskundschaften kannst,
        Bray - wenn du Zeit hast.

BRAY nickt, dann hört er einfach zu,
beobachtet still, schätzt sie alle ein,
während sie diskutieren und SALENE AMBER
besorgt anschaut.

                    SALENE
        Findest du immer noch, wir
        sollten teilnehmen?

                    AMBER
        Wenn wir versuchen wollen
        ein Abkommen auszuhandeln.

                    LEX
        Und wofür?

                    AMBER
        Für Freiheit.

                    LEX
        Wofür macht ,er' es.

                    77

AMBER
Wärst du wieder mit frischem
Wasser zufrieden, Bray? Wir
haben mehr als genug aus
dem ganzen Regen gefiltert.
Dank Jack und Dal.

BRAY nickt wieder. Was die Dinge für
LEX noch schlimmer macht, ist, dass er
bemerkt, dass die anderen fasziniert von
dem geheimnisvollen Eigenbrötler sind.
EDEN findet ihn eindeutig attraktiv und
ist Feuer und Flamme.

EDEN
Gibt es nichts, was dir
sonst noch gefallen könnte
oder, was du wollen
könntest, Bray?

LEX
Oh, bitte. (Äfft sie nach.)
„Nichts, was dir sonst noch
gefallen könnte oder, was
du wollen könntest?"

JACK, DAL und ihr TEAM kommen, und wir
haben bemerkt, dass die Lichter nicht
flackern.

JACK
So sollte es gehen. Die
Generatoren sind alle
repariert. Wiedermal.

                    AMBER
    Gut gemacht.

                    LEX
    Ich mach dir einen
    Vorschlag. Du hast es doch
    immer so mit Demokratie,
    Amber. Also stimmen wir
    doch darüber ab. Die
    Mehrheit entscheidet.

BRAY schaut weiter zu, während LEX zwischen
dem TRIBEMITGLIEDERN umherläuft, und TRUDY
jetzt NACH LUFT SCHNAPPT, kurzatmig ist
und versucht mit dem stechenden Schmerz
klarzukommen.

                    LEX
    Ich bin sicher, dass ich
    mich darauf verlassen kann,
    dass mich alle unterstützen
    - weil ihr sonst mit ein
    paar Problemen klarkommen
    müsst.

                    AMBER
    Es ist keine faire
    Abstimmung, wenn du drohst,
    Lex.

                    LEX
    Ich sage nur Dinge voraus.
    Große Probleme, wenn wir
    die Mall für einen Haufen

LEX (weiter)
Loser und Streuner öffnen.
Also - wer stimmt dafür,
dass die gehen müssen?

AMBER
Du kannst sie nicht auf
die Straße setzen. Trudy
bekommt ein Kind -

LEX
Kommt schon, wer ist auf
meiner Seite?! Wir haben
jetzt schon kaum genug zu
essen, ohne dass wir mehr
Leute durchfüttern müssen.

Die Lichter flackern wieder, dann wird es
dunkel.

JACK
Nicht schon wieder.

TRUDY SCHREIT plötzlich - es ist ein
langanhaltender, panischer, jammernder
SCHREI.

AMBER
Es ist alles OK, Trudy.
Wir werden die Generatoren
reparieren.

EDEN
Es ist nicht nur das. Ich

             EDEN (weiter)
glaube, ihre Fruchtblase
ist geplatzt.

             AMBER
Oh Gott. Versuch einfach
dich zu entspannen, Trudy.
Alles wird gut! Salene –
wir brauchen Handtücher!
Saubere Decken, Eden!

             BRAY
Und kochendes Wasser!

INNEN.   ZOOTS   HAUPTQUARTIER.
RATHAUSINNENHOF. NACHT.

Brennende Fackeln werfen die Schatten
der GEFANGENEN DEMON DOGS, die wir zuvor
gesehen haben, an die Wand. Ihre Köpfe
werden nun in einen Tank und unter Wasser
gezwungen.

ZOOT sieht in der Nähe teilnahmslos zu.
Der GUARDIAN nickt den LOCO-WACHEN zu,
die die GEFANGENEN an den Haaren wieder
aus dem Wasser herausziehen. Die sind
in einer schrecklichen Verfassung und
schnappen nach Luft.

             GUARDIAN
    Was habt ihr im Loco-Sektor
    gemacht?

GEFANGENER
Hab ich dir schon gesagt.
Wir wollten versuchen dem
Tribe beizutreten.

Sie werden wieder untergetaucht.

GEFANGENER
Ok, OK! Wir waren auf einer
Erkundungsmission.

ZOOT
Wer hat euch geschickt?!

GEFANGENER
Silver Face.

ZOOT
Wieso?! Was hat er vor?!!

ANDERER GEFANGENER
Ich weiß es nicht. Ich
schwöre!

Er wird wieder untergetaucht und dann an
den Haaren hochgezogen.

GEFANGENER
Er wollte nur checken, wie
die Stadt bewacht wird.

ZOOT
Tja, ihr habt eure Antwort

> ZOOT (weiter)
> bekommen, stimmt's? Ich
> glaube, die Stadt wird
> verdammt gut bewacht!

Er geht hinüber und BRÜLLT dem GEFANGENEN ins Ohr.

> ZOOT
> Hab dich was gefragt, Mann!
> Und ich höre keine Antwort!

Beide GEFANGENEN werden wieder untergetaucht und dann hochgezogen.

> GEFANGENER
> Ja, gut! Sie wird gut
> bewacht!

> ZOOT
> Ihr seid nichts als
> Abschaum. Wisst ihr das?!

Die GEFANGENEN nicken und werden immer unruhiger, was ZOOTS Verachtung befeuert.

> ZOOT
> Seht euch an. Armselig. Ihr
> solltet lieber für euren
> Tribe sterben, statt zu
> reden. Aber da ihr jetzt
> geredet HABT, werde ich euch
> beiden einen Gefallen tun,
> ja? Und euch umbringen.

ZOOT (weiter)
Nach dem, was ich vorhabe,
werdet ihr nicht mehr hier
sein wollen!

INNEN. BETTENGESCHÄFT. GEPLÜNDERTE
SHOPPINGMALL. NACHT.

Mit all den Kerzen ist es wie im Dunklen
Zeitalter. Düster und unheilverkündend.
Tiefe Schatten. Flackerndes Licht.

BRAY wischt TRUDY Schweiß von der Stirn
und Tränen aus den Augen, während sie
NACH LUFT SCHNAPPT und STÖHNT.

BRAY
Du machst das wirklich gut,
Trudy. Versuch nochmal zu
pressen.

TRUDY
Ich kann nicht … Ich kann
nicht …

AMBER
Doch, du kannst. Jetzt
dauert es nicht mehr
lang. Komm, Trudy. Press.
Stärker. So kenn ich dich.
So geht's!

TRUDY greift nach AMBERS Hand, packt diese
und schreit vor quälenden Schmerzen.

Was zu allen durchdringt und alle anderen
RATS berührt, unter ihnen EDEN und SALENE,
die in der Nähe zusehen.

BRAY drängt mit zunehmender Vorfreude.

> BRAY
> Du hast es fast geschafft.
> Das Baby kommt. Ich kann es
> sehen … komm, Trudy, press
> noch ein letztes Mal. Das
> sollte reichen.

MOUSE, SAMMY und ein paar von den Jüngeren
krabbeln auf allen Vieren im Halbdunkeln
durch den Flur und verstecken sich
hinter Möbelstücken, um mit großen Augen
hervorzulinsen. Sie haben dort eindeutig
nichts verloren.

Und der Anblick dreht MOUSE und SAMMY
fast den Magen um, ist nicht ganz das,
was sie zu sehen erwartet hatten.

MOUSE muss tatsächlich würgen und mit
sich kämpfen.

> MOUSE
> (flüsternd zu Sammy)
> Äh, igitt. Das ist eklig!
> Als ob man sie – foltert!

TRUDY bringt nun tatsächlich das Kind
zur Welt. Die Beine sind auseinander

und sie STÖHNT. BRAY und AMBER leisten Geburtshilfe, während die anderen RATS ehrfürchtig zusehen und darum kämpfen ihre Emotionen im Zaun zu halten, als das BABY kommt.

> BRAY
> Die Nabelschnur! … Wir
> müssen die Nabelschnur
> durchschneiden!...

> AMBER
> Oh mein Gott, Trudy – es
> ist ein kleiner Junge … Er
> ist wunderschön …

AMBERS Augen füllen sich mit Tränen, das ganze Geschehen berührt sie jetzt sehr tief. Und das trifft sogar auf BRAY zu, der die Nabelschnur durchschneidet und dem BABY einen kleinen Klapps gibt. Das BABY fängt an zu SCHREIEN, und auch AMBER weint, überwältigt, erleichtert, dass es dem BABY gut geht. AMBER ist fast so aufgelöst und erschöpft wie TRUDY.

Aber sie kann nicht anders als breit zu lächeln, als sie das BABY in TRUDYS Arme legt. TRUDY strahlt auch durch ihre Tränen hindurch und küsst das BABY.

> TRUDY
> Hallo! Willkommen auf der
> Welt, Kleiner.

INNEN. KATHEDRALE. HAUPTQUARTIER DER DEMON DOGS. TAG.

Die Strahlen der Morgensonne dringen durch die verzierten Glasfenster, wie bei einem spirituellen Erwachen, als wir von außerhalb des Bildes das bekannte Geräusch von Zoots Polizeistreifenwagen hören. SILVER FACE spricht seine MIT-DEMON-DOGS an.

> SILVER FACE
> Denkt dran, seid vorsichtig
> mit dem, was ihr sagt.
> Man kann einem Loco nicht
> trauen. Und Zoot garantiert
> nicht. Es passt nicht zu ihm
> ein Treffen einzuberufen.
> Man weiß einfach nie, was
> er vorhat.

Plötzlich hört man Glas zersplittern – die LEICHE des gefangenen Demon Dogs, den wir zuvor gesehen haben, wird durch das verzierte Glasfenster geworfen.

Und liegt starr zwischen den Glassplittern auf dem Boden.

SILVER FACE tauscht verwirrte und besorgte Blicke mit den DEMON DOGS, während sie ZOOT zuhören, der draußen spricht.

ZOOTS STIMME
Hey, Silver Face! Warum
kommen du und deine Dogs
nicht raus, damit wir reden
können? Ich hab noch ein
‚Geschenk' für euch.

AUßEN. KATHEDRALE. VORORTE. TAG.

SILVER FACE und die DEMON DOGS kommen
wachsam aus der Tür und gehen die Stufen
hinunter und auf ZOOT und den GUARDIAN
zu, die auf ZOOTS STREIFENWAGEN stehen,
mit LOCO-ELITEWACHEN an jeder Seite.

ZOOT
Silver Face – wie geht es
dir, mein Freund?!

SILVER FACE
Zoot. Guardian. Ich bin
froh euch zu sehen.

ZOOT
Wieder ein wunderschöner
Tag im Paradies.

SILVER FACE
Seid ihr für einen Handel
hier oder so? Was hat es
mit unserem Demon-Dog-
Bruder auf sich?

                    ZOOT
    Man hat ihn in unserem
    Sektor gefunden. Wollte
    glaub den Locos beitreten.
    Ich meine, er hätte uns
    doch nicht ausspioniert
    oder so, oder? Die Dogs und
    die Locos … wir sind immer
    schon Freunde gewesen,
    stimmt's?

                  SILVER FACE
    Immer schon, Zoot. Das
    weißt du.

                    ZOOT
    Freut mich zu hören. Ich
    bin sicher, dass die Locos
    auf eure Unterstützung
    zählen können, wenn Flame
    und die Privileged je ihr
    Glück versuchen sollten.
    Also wollte ich euch … ein
    Geschenk vorbeibringen.

ZOOT nickt einer seiner WACHEN zu, die
eine Kiste hinten aus dem Wagen holt, auf
die Treppe zugeht und SIlVER FACE die
Kiste überreicht.

                  SILVER FACE
        Weiß ich zu schätzen.

Er öffnet die Kiste weicht zurück und

würgt, als er den blutigen abgetrennten
KOPF des anderen GEFANGENEN, den wir in der
Nacht zuvor gesehen haben, herausnimmt.

                    ZOOT
          Ihn haben wir auch in
          unserem Sektor gefunden.
          Ich dachte, du willst
          vielleicht sehen, was bei
          den Locos passiert, wenn
          jemand abtrünnig wird.
          Schönen Tag noch! Mein
          Freund!!!

Er lächelt kalt, nickt, der Streifenwagen
rast davon, die WACHEN rollerbladen an
jeder Seite. SILVER FACE und die DEMON
DOGS schauen von Horror ergriffen auf den
abgetrennten Kopf.

AUßEN. FERIENANLAGE. STRAND. TAG.

Der Stützpunkt der PRIVILEGED, eine
einst luxuriöse tropische Ferienanlage,
verkommt nun. Strandhütten aus Stroh,
Sonnenliegen um einen Salzwasserpool.

Manche von den PRIVILEGED surfen, andere
schwimmen, wieder andere heben Gewichte,
manche bräunen sogar ihre bereits braunen
wunderschönen Körper, während sie von
ANDROGYNEN DIENERN mit frischem Obst
gefüttert werden.

Ein paradiesischer Anblick. Aber dies ist

nicht die Strand-/Surfkultur, oder eine Aufnahme aus irgendeinem Reisemagazin.

Keine Badeanzüge. Mehr Lendenschurze. Die Ästhetik, die Mode und das Make-up sind SEHR indigen. Die Gesichter voll mit Farbe, Schmuck aus Kokosnüssen und Muscheln, Ohrringe aus Knochen, eingeflochtene Federn und Palmenblätter als Haarverlängerungen.

Kriegskanus werden selbstgemacht, Abbilder, Gesichter von Flame, die ihn fast wie einen Gott aussehen lassen, werden auf den Bug gemalt.

Manche der MÄDCHEN weben oben ohne Flachs aus Pflanzen.

Andere lassen sich atemberaubende Designs tätowieren oder piercen.

Und wir können sehen, warum diese jungen Leute zu den PRIVILEGED gehören. Sie sehen echt fit, gebräunt, außerordentlich gelenkig, sinnlich, SEHR attraktiv aus. So sehr das alles irgendwie zum Teil fast primitiv, wie ein Teil der Vergangenheit ist, so ist es auch zum Teil etwas, was wir noch nie wirklich gesehen haben. So, als ob es aus der Zukunft wäre.

Plötzlich hören wir panisches – GESCHREI.

INNEN. FLUR. FERIENANLAGE DER PRIVILEGED.
TAG.

HARMONY geht eilig den Flur hinunter, sie
rennt fast, reagiert.

> FLAME von außerhalb des
> Bildes
> Harmony! Hilfe! Schnell!
> Hilf mir! Nein!
> NEIIIIIIIN!!!!!

Sie kommt an der Tür an, vor der OX Wache
steht.

> HARMONY
> Was hat er für ein Problem?!

> OX
> Keine Ahnung. Der Meister
> hat gerade angefangen
> auszuflippen. Will mich
> nicht reinlassen.

INNEN. FLAMES PRIVATRÄUME. FERIENANLAGE
DER PRIVILEGED. TAG.

Detailaufnahme einer Spiegelung in
einem Taschenspiegel — ein panisch
wildblickendes Auge. Dann erscheint
schließlich HARMONY, die hineingestürmt
kommt.

                    HARMONY
      Was ist los?! Was stimmt
      nicht?!

                    FLAME
      Das!!!

Er deutet auf einen Pickel in seinem
Gesicht, dann schleudert er den Spiegel
durch den Raum. Schlägt sich eine
Hand über die Wange, um den Pickel zu
verstecken. Tritt gegen Möbel, schleudert
Gitarren gegen die Wand, um jedes
seiner Worte der Qual und des absoluten
Leidens zu unterstreichen. Es ist die
Mutter aller Wutanfälle. Der totale
Nervenzusammenbruch.

                    FLAME
      Wo kommt der her?! Von
      dieser Sklaven-Bitch?!
      Glaubst du, ich hab mir den
      von der eingefangen?!

                    HARMONY
      Versuch dich zu beruhigen,
      Flame, das könnte auch nur
      an etwas liegen, was du
      gegessen hast.

Aber das heizt seine Wut nur an. Er ist in
einem Zustand absoluter Qual, absoluten
Zorns.

FLAME

Ich BIN einer von den
Privileged. Ich krieg
keine Pickel! Ich bin kein
Discard mit öliger Haut!
Keiner, der unrein ist!
Ich bin perfekt! Und ich
will, dass, wer auch immer
dafür verantwortlich ist,
gefunden wird!!!

HARMONY

Wie soll ich das deiner
Meinung nach machen?

FLAME

Das ist dein Problem,
Harmony! Wer auch immer es
ist, soll bestraft werden.
OK? Nein, gefoltert! Ja,
gefoltert! Bis er heult wie
eine Fender Telecaster!!!
Das meine ich ernst!!!

HARMONY sieht zu, wie er noch einen Stuhl
umtritt. Dann hat sie plötzlich eindeutig
eine Strategie.

HARMONY

Wenn ich so drüber
nachdenke, vielleicht war
es das Sklavenmädchen. Hast
du die Haut gesehen? Igitt.
Widerlich!

FLAME

Eben.

HARMONY

Wenn die Discard-Tussi die
Definition von hässlich
in einem Wörterbuch
nachschlagen würde, würde
sie dort ein Foto ihrer
hässlichen Visage finden.

FLAME

Bitch!

HARMONY

Ich kümmere mich um sie.
Versprochen …, wenn du was
für mich tust? Du musst
nach der Miliz sehen, dich
sehen lassen, ihr sagen,
dass du findest, dass ihr
Training gut läuft.

FLAME beruhigt sich nun, aber seufzt fast
weinerlich, wie ein Kind.

FLAME

Muss ich wirklich?

HARMONY

Ein kleiner Preis für das
Regieren der Welt, Flame.

Aber FLAME ist abgelenkt. schaut wieder in den Spiegel, interessiert sich mehr für den Pickel, und er kneift zwei Finger zusammmen und versucht ihn auszudrücken.

INNEN. GEPLÜNDERTE SHOPPINGMALL. TAG.

BRAY kommt in die Bettenabteilung eines Kaufhauses geht zu TRUDY, sie sprechen im Flüsterton, um das BABY, das in einer Krippe neben TRUDYS Bett ist, nicht zu wecken.

> BRAY
> Wie geht es dir? Alles OK?
> (Sie nickt.) Und dem Baby?

> TRUDY
> Das habe ich mich auch
> gefragt. Ist es richtig?
> Ein Baby auf diese Welt zu
> bringen? Ich meine, was für
> eine Zukunft hat er?

> BRAY
> Er IST die Zukunft, Trudy.
> Das ist alles, was zählt.
> Also stell nie in Frage, ob
> du das Richtige getan hast.

> TRUDY
> Was ist mit dir, Bray? Du
> wirst doch nicht weggehen,
> oder?

                    BRAY
        Nur weil ich es tue, heißt
        das nicht, dass du es auch
        tun musst, Trudy.

                    TRUDY
        Ich weiß nicht, ob ich
        mich je hier niederlassen
        könnte. Selbst wenn dieser
        unheimliche Lex es wöllte.

                    BRAY
        Du musst jetzt keine
        Entscheidung treffen.

                    TRUDY
        Du auch nicht. Bitte bleib,
        Bray. Wenigstens eine
        Weile. Ich und das Baby,
        wir brauchen dich.

IN DER ESSENSHALLE

Manche der älteren RATS, wir sehen LEX
mit einem Flipper in der Nähe spielen,
beobachten MOUSE und SAMMY interessiert
und mitleidig, während sie selbst Essen
zubereiten und essen.

Die jüngeren RATS machen ihren ersten
Schultag durch, AMBER schreibt Zahlen
auf ein Flipchart.

AMBER
Und es ist so wichtig
zu verstehen, wie diese
Zahlen strukturiert sind.
Zum Beispiel mit einem
Zahlengitter.

MOUSE
Warum dürfen wir hier am
Tisch sitzen und die Zahlen
sind in einem Gitter?

AMBER
Zahlengitter sind nicht
solche Gitter, Mouse –

MOUSE
Warum heißen sie dann so?

AMBER
Ich weiß es nicht. Tun sie
eben.

LEX
Das ist genau wie in der
alten Welt, Mouse. Vor der
Dunkelheit. Lehrer haben
immer gedacht, sie wissen
alles. Aber wenn's wirklich
drauf ankam, wussten sie
nichts. Gar nichts.

                    AMBER
Fang nicht damit an, Lex.
Nicht jetzt. Bitte!

                    LEX
Na, ich glaub einfach nicht,
dass wir uns an das alte
Zeug halten sollten. Lehrer
und Schulen sind scheiße.
Es gibt keine Regeln. Nicht
mehr. Wir können alle sein,
was immer wir sein wollen.

                    EDEN
Interessant. Da Menschen
die Dinge nicht so sehen,
wie sie SIND. Mehr so, wie
SIE sind.

                    LEX
Ohhhhhh! Erde an Eden. Was
zur Hölle bedeutet das?

                    AMBER
Wenn du etwas besser in der
Schule aufgepasst hättest,
Lex, könntest du dir die
Frage vielleicht selbst
beantworten.

Er spottet, und AMBER schreibt auf das
Flipchart.

AMBER

Ihr könnt alle ruhig am
Tisch sitzen bleiben,
Mouse. Zahlengitter sind
nicht das Gleiche wie die
Gitter am Eingang der Mall.
Zahlengitter kann man
brauchen, um die Grundlagen
des Rechnens zu verstehen.

LEX

Und dann kannst du dein
ganzes Geld zählen. Aber du
weißt gar nicht, was das
ist. Bei den ganzen Banken,
die es nicht mehr gibt –

AMBER

Du kannst einen manchmal
so nerven, Lex! Ich habe
gleich genug! Ich meins
ernst!

LEX

Ich mein ja nur ...

AMBER

Du findest das vielleicht
schwer zu glauben – aber
es GIBT auch andere Dinge
außer ‚Fäuste', die Menschen
Macht verleihen.

LEX
Ach, wirklich? Zum Beispiel?

AMBER
Wissen! Die Notwendigkeit
von Bildung. Es sei denn
natürlich du denkst es geht
nur darum zu lernen wie
Armdrücken geht.

LEX
Motz nicht! Oder du brauchst
mich nicht zu rufen, wenn
ein Angriff von den Locos
oder einem anderen Tribe
kommt, und die nicht
schnell wegrennen, wenn die
Mall-Rat-Krieger alle ihre
furchteinflößenden 10er-
Reihen durchgehen. Denn das
wird nicht helfen!

EDEN
Amber hat recht, Lex. Wir
müssen alle lernen so
stark und gesund zu sein,
wie wir können, nicht
nur körperlich, sondern
auch, was unser Wesen
unsere Seele - UND unseren
Verstand betrifft.

                    LEX
Und dann einfach hoffen,
dass wir nicht alle tot
umfallen, weil wir den Virus
haben. Oder was zur Hölle
auch immer alle Erwachsenen
ausgelöscht hat –

                    AMBER
Lex! ES REICHT!!!

                    LEX
Ich kapier das einfach
nicht. Was soll das alles
bringen?

                    AMBER
Eine Menge. Und du wirst
mir das nicht kaputt reden.
Also verschwende nicht
deine Zeit damit es zu
versuchen!

LEX höhnt, spöttelt und flippert weiter.

AMBER funkelt ihn wütend an. Dann seufzt
sie, um sich zu sammeln, bevor sie sich
der Klasse zuwendet. MOUSE schenkt ihr
ein breites unaufrichtiges Lächeln. Und
AMBER erwidert es.

                    AMBER
Lasst es uns nochmal
durchgehen …

AUßEN. FERIENANLAGE. STRAND. TAG.

Die MITGLIEDER DER PRIVILEGED bemerken
FLAME und HARMONY in der Nähe, umgeben
von OX und seinem SICHERHEITSTEAM.
Alle blicken ehrfürchtig drein, manche
verneigen sich sogar ihnen zu Ehren,
während andere aufgeregt näher kommen.

                    HARMONY
          Versucht nicht ihn
          anzufassen. Nicht mal ihn
          anzusehen.

Die von den PRIVILEGED, die näher kommen,
wenden bescheiden den Blick ab.

FLAME geht jedoch kein Risiko ein. Er hält
eine Hand so, dass sie seine Wange leicht
verdeckt, und täuscht allen gegenüber ein
Lächeln vor, während die DELEGATION auf
ein –

PODIUM zugeht und hinaufsteigt.

Von dort aus kann man eine Lichtung
überblicken auf der die MILIZ trainiert.

Deren Mitglieder sehen SEHR bedrohlich,
einschüchternd aus, ihre Gesichter sind
tätowiert.

Manche trainieren den Nahkampf mit den
besten Martial-Arts-Fertigkeiten andere
gehen durch Reifen, kriechen unter

Seiltunneln durch.

Als sie FLAME, HARMONY und die
SICHERHEITSLEUTE bemerken, marschieren
sie sofort zusammen. Sie sehen sehr
entschlossen aus, als sie schreiten und
RUFEN, wie bei einem Haka, um ihn zu
ehren.

FLAME winkt ihnen anerkennend zu, aber
das ist komplett gespielt, er steht
eindeutig nicht drauf und redet flüsternd
mit HARMONY.

> FLAME
> Also, ich bin durch. Lasst
> uns gehen. Weg von hier.

> HARMONY
> Noch nicht. Du musst ein
> paar Worte sagen.

> FLAME
> Zum Beispiel?

HARMONY sagt ihm heimlich und flüsternd
Sätze vor, und FLAME wiederholt sie an
die MILIZ gewandt.

> HARMONY/FLAME
> Brüder und Schwestern
> der Privileged, das
> Stammestreffen rückt näher.
> Die Anführer haben keine

HARMONY/FLAME (weiter)
Chance irgendein Abkommen
auszudehnen. Also müssen
alle Krieger zum Kampf
bereit sein, bei dem
von ihnen erwartet wird,
im Falle eines Krieges
das ultimative Opfer zu
bringen!

DIE MILIZ bricht in ein fieberhaftes
GEMEINSCHAFTLICHES SKANDIEREN aus.

MILIZ
So sei es! Flame!!! Flame!!!
FLAME!!!

INNEN. GEPLÜNDERTE SHOPPINGMALL. TAG.

AMBER zeigt auf die Zahlen auf dem
Flipchart.

AMBER
Also, Sammy – gehen wir es
nochmal durch. Ein mal eins
ist …?

SAMMY
Eins.

AMBER
Richtig. Gut. Und zwei mal
zwei …, Mouse?

                    MOUSE
    Zweiundzwanzig?

                        AMBER
    Nein. Vier.

                    MOUSE
    Wieso?

                        AMBER
    Versuch mir zu folgen, und
    ich werde versuchen es zu
    erklären. Noch einmal.

Sie reicht der Klasse ein paar Äpfel und
Orangen.

                        AMBER
    Zwei Äpfel. Zwei Orangen.
    Lasst sie uns zählen und
    sehen, wie viele Früchte
    ihr habt. Eins, zwei, drei
    - vier, richtig?

                    MOUSE
    Falsch!

                    AMBER
    Es sind vier, Mouse.

                    MOUSE
    Nein - es sind drei.

> AMBER
> Nein, vier, Mouse. Schau –
> eins, zwei, drei, vier -

> MOUSE
> Nein, wegen Sammy stimmt
> das nicht!

SAMMY beißt in einen der Äpfel, und AMBER
seufzt zunehmend frustriert.

Man hört plötzlich das Baby außerhalb des
Bildes WEINEN.

> MOUSE
> Kann ich gehen und mit dem
> Baby spielen?

> AMBER
> Das Baby ist keine Puppe,
> Mouse. Und die Schule kann
> nicht einfach zu Ende sein,
> wann immer dir danach ist
> – besonders nicht, wenn wir
> noch kaum angefangen haben.

> EDEN
> Vielleicht ist das keine
> schlechte Idee, Amber. Es
> fällt ihnen schwer genug,
> sich zu konzentrieren.

> AMBER
> Wem sagst du das. OK - der

        AMBER (weiter)
Unterricht ist beendet. Wir
machen ein andermal weiter.

Die JÜNGEREN RATS verteilen sich schnell
und freudig, um sich etwas zu essen zu
machen.

AMBER sieht echt so aus, als könnte sie
wirklich eine Pause gebrauchen, als sie
zu einem Tresen geht, und sich dort etwas
zu trinken einschenkt, wo DAL und JACK
die Tanks auffüllen.

        AMBER
Ich fange an, von der Idee
wieder abzukommen. Aber
ganz schnell.

        JACK
Vielleicht wären ein
paar der Jüngeren besser
aufgehoben, wenn sie mir
und Dal helfen würden. So
würden sie lernen etwas
Praktisches zu tun …

        AMBER
Zum Beispiel?

        JACK
Zum Anfang könnten sie
Sachen für das Treffen
sammeln -

                    AMBER
Warum? Damit IHR von euren
Pflichten entbunden werden
könnt? Und mehr Zeit dafür
habt, euch irgendwelche
neuen Rollenspiele
auszudenken?

                    JACK
            (Das ist es.)
Das ist uns nie in den Sinn
gekommen, stimmt's, Dal?

                    DAL
Oh, ja. Absolut, AMBER.

LEX flippert immer noch und reagiert auf
das von außerhalb des Bildes zu hörende
Weinen des Babys.

                    LEX
Das Geheule von dem Kind
macht mich irre!

                    SALENE
Dafür kann das arme Baby
nichts, Lex.

Er geht auf sie zu und küsst ihren Nacken.

                    LEX
Wenn du so ein großer Fan
von ihm bist - wie wär's

                LEX (weiter)
dann, wenn du und ich was
vorführen und diesen Kleinen
was RICHTIGES zeigen? Wie
man Babys macht, hm?

                MOUSE
      Ja, das ist eine tolle
      Idee, Lex. Wir brauchen
      mehr Babys.

MOUSE sitzt jetzt essend mit SAMMY an
einem Tisch und sieht etwas verwirrt zu,
als SALENE ihn wegschubst.

                SALENE
      Manchmal bist du echt
      widerlich, weißt du das?

                LEX
      Neulich Nacht sah es so
      aus, als könntest du nicht
      genug davon kriegen.

                EDEN
      Ihr beide seid … zusammen?

                SALENE
      Nicht lange, wenn er so
      weitermacht.

                LEX
Kein Grund zur Eifersucht,

LEX (weiter)
Eden. Es ist genug vom sexy
Lexy für alle da.

EDEN
Träum weiter!

AMBER
Komm schon, Lex. Versuch
darauf zu achten, was du
vor den Kleinen sagst, ja?

LEX geht zu AMBER.

LEX
Was? Will die Lehrerin
nicht, dass sie was über
Sex lernen?

AMBER
Sie haben gerade mit dem
Einmaleins angefangen. Lass
sie erstmal das hinkriegen.

LEX
Wenn sie soweit sind - wie
wär's dann, wenn du und
ich, es ihnen zeigen? Hab
mich schon immer gefragt,
wie du im Bett wärst. Ich
wette, unter dieser ganzen
Gutmenschfassade, wärst du
wild.

Er will ihr durchs Haar streicheln, aber sie schleudert ihm ihre Wasserflasche ins Gesicht und stößt ihm den Ellbogen in den Magen.

>   AMBER
>   Das ist etwas, was du
>   niemals herausfinden wirst,
>   Lex. Also schlage ich
>   vor, du beschäftigst dich
>   in deinem Erbsenhirn mit
>   anderen Dingen.

BRAY kommt.

>   BRAY
>   Trudy hat gehofft, dass sie
>   etwas zu essen bekommen
>   kann.

>   AMBER
>   Klar. Kannst du etwas
>   herrichten, Salene?

SALENE nickt und geht in den Küchenbereich, während LEX zu BRAY geht.

>   LEX
>   Ich weiß nicht, ob ich
>   mich neulich Nacht klar
>   ausgedrückt habe. Aber das
>   Essen, das wir haben …, das
>   ist für die Mall Rats.

> AMBER
> Trudy kann etwas von meinem
> Anteil haben. Du auch,
> Bray. Wirklich, wir haben
> mehr als genug da.

> BRAY
> Sicher?

> EDEN
> Absolut. Achte gar nicht
> auf Lex.

LEX geht bedrohlich auf BRAY zu.

> LEX
> Wenn du es nicht tust,
> muss ich vielleicht andere
> ,Wege' finden, damit du es
> verstehst.

> BRAY
> Ach, wirklich?

> LEX
> Ja, wirklich! Du, deine
> Freundin und ihr Kind,
> ihr würdet euch also
> vielleicht einen großen
> Gefallen tun, wenn ihr euch
> dazu entschließen würdet
> weiterzuziehen. Wenn du
> verstehst, was ich meine!

BRAY streckt einen Arm aus und ballt wenige Zentimeter vor LEX' Gesicht die Faust. Von seiner ruhigen Selbstkontrolle geht eine unheimliche Kraft aus, da er die ganze aufgestaute Aggression, die er in sich trägt, im Zaun hält.

> BRAY
> Gib's auf, Lex! Ich beobachte dich schon, seitdem ich hier angekommen bin. Und ich hab dich total durchschaut! Ich bin größer als du. Stärker als du. Mutiger als du. Weiser als du. Und ich will kein Wort mehr davon hören, wann wir vielleicht gehen. Ich kann nicht für Trudy sprechen, aber ich werde gehen, wenn ich bereit dafür bin und wenn es mir passt. Nicht dir. „Wenn du verstehst, was ICH meine"!

> AMBER
> Wolltest du … ähm … sonst noch was mit Bray klären, Lex?

> LEX
> Oh, ja! Aber das heb ich mir erstmal auf. Für ein anderes Mal.

Er funkelt BRAY drohend an, der diesen
Blick kurz erwidert. Dann zieht BRAY
seinen ausgestreckten Arm zurück, als
LEX sich umdreht und geht.

> AMBER
> Es mag vielleicht ein
> wenig schwer zu glauben
> sein …, aber wenn man Lex
> kennenlernt …, ist er hinter
> all seinen Schutzmauern
> wirklich ein ganz netter
> Kerl.

> BRAY
> Ja, scheint so.

> AMBER
> Und egal, was er sagt –
> nach dem Treffen könnt du
> und Trudy hier so lange
> bleiben, wie ihr möchtet.

> BRAY
> Danke. Das weiß ich zu
> schätzen. Ich geh Salene
> helfen.

BRAY geht in die Essenshalle und auf
SALENE zu. EDEN und AMBER schauen ihm
hinterher.

EDEN
Hast du die Kraft dahinter
gespürt?

AMBER
Lex hat das bestimmt. Und
es geschieht ihm recht.

EDEN
Sind Bray und Trudy ein
Paar?

AMBER
Glaub nicht. Wieso?
Interesse?

EDEN
Der Wind kann so sanft
sein. Und doch kann er auch
so stark sein. Aber niemand
wird ihn je voraussagen,
kontrollieren, besitzen,
geschweige denn … berühren
können.

AMBER
Na, ich kann mich immer auf
dich verlassen, wenn ich
eine interessante Art will,
die Dinge zu ‚betrachten‘,
Eden.

                    EDEN
          Bist du es, Amber?
          Interessiert?

                    AMBER
          Bray ist ein Söldner. Und
          seine Fertigkeiten werden
          nützlich sein. Nicht mehr
          und nicht weniger.

Sie klingt überzeugter, als sie aussieht,
was EDEN registriert.

AUßEN. STADT. VERLASSENE STRAßEN. NACHT.

LOCOWACHEN gehen zur Seite, als ein
Reiter durch eine Absperrung galoppiert,
sein Pferd zügelt, herunterspringt und
schnell zum Hauptquarttier im Rathaus
geht.

INNEN. ZOOTS HAUPTQUARTIER. RATHAUS.
NACHT.

ZOOT trainiert, schlägt kräftig, mit
manischer, wütender Intensität auf einen
Sandsack ein.

Der GUARDIAN kommt rein.

                    GUARDIAN
          Neuigkeiten. Von einem
          Informanten. Die Miliz der
          Privileged wird trainiert.
          Die bereiten sich auf …

GUARDIAN (weiter)
irgendwas vor.

ZOOT
Es gibt nur eins, worauf
die sich vorbereiten müssen
– unter der Herrschaft der
Locos zu stehen!

GUARDIAN
Ich glaube, das sehen die
vielleicht anders, Zoot.
Wir müssen aufpassen,
dass die nicht versuchen
einzumarschieren.

ZOOT
Wieso bringen wir den Kampf
nicht zu denen?

GUARDIAN
Wir wissen nicht, wie die
unterstützt werden. Von
anderen Tribes.

ZOOT
Das wissen die von uns
auch nicht. Die Locos
könnten selbst eine
Spitzeninvasionstruppe
zusammenstellen, Guardian.

GUARDIAN
Du bist der Anführer,
Zoot. Und du kannst die
Entscheidungen treffen, die
du für richtig hältst. Ich
bin nur ein Berater. Und
mein Rat wäre … wir brauchen
Leute. Nach allem, was ich
höre, scheint die Miliz der
Privileged beeindruckend zu
sein.

ZOOT
Diese Informanten …, kann
man sich auf die verlassen?

GUARDIAN
Die wissen, womit sie zu
rechnen haben, wenn nicht.
Also – was meinst du?

ZOOT
Wir nehmen an diesem Treffen
teil. Sehen, was die ganzen
Anführer zu sagen haben.
Wer auf unserer Seite ist.
Wer gegen uns ist. Aber
eins ist sicher: Wenn sich
die Privileged mit uns
anlegen wollen – können sie
das haben!

AUßEN. AUTOHAUS. VORSTADT. TAG.

SALENE sieht zu, wie LEX einen Backstein schleudert und damit eine riesige Glasscheibe eines einst gehobenen, aber nun verfallenden Autohauses einschlägt und so seiner aufgestauten Wut Luft macht.

> SALENE
> Und? … Fühlst dich besser?

> LEX
> Nein! Ich sag dir, dieser Bray …, der kann sich auf was gefasst machen.

> SALENE
> Ich weiß nicht, Lex. Er scheint auf sich aufpassen zu können.

> LEX
> Das kann ich auch.

> SALENE
> Das ist kein Wettbewerb.

INNEN. AUTOHAUS. TAG.

LEX und SALENE gehen rein, schauen sich niedergeschlagen um.

> SALENE
> Hier scheint es nicht viel

                    SALENE (weiter)
          Wertvolles zu geben, mit
          dem man Handel betreiben
          könnte.

                    LEX
          Nein …

Nur ein paar der teuersten Autos, die
man auf unserer Welt je gesehen hat.
Darunter ein Ferrari, den LEX sehnsüchtig
anschaut.

                    LEX
          Sieh dir das an, Babe. Kaum
          zu glauben, dass der mal
          wertvoll gewesen wäre. In
          der alten Welt.

Er geht auf das Auto zu und fährt mit
der Hand liebevoll über die Karosserie,
während Salene Schubladen, Akten,
Schreibtische durchsucht.

                    LEX
          Wenn jemand das Glück hätte
          mit dieser Schönheit eine
          Spritztour zu machen – ich
          wette das wäre, als würde
          man tausend wilde Pferde
          besteigen. Oder sogar dich.

                    SALENE
          Soll das ein Kompliment
          sein?

SALENE sammelt ein paar verbleichende
Lederhefter ein, während LEX vollkommen
eingenommen ist und den Verschluss vom
Tank des Ferraris abschraubt.

                    SALENE
          Die könnten was wert sein.
          Irgendjemandem. Man weiß ja
          nie.

LEX schnüffelt an der Öffnung des
Tanks, bekommt plötzlich Hoffnung, dann
drückt er immer ungeduldiger gegen die
Karosserie, horcht nach herumschwimmender
Flüssigkeit.

                    SALENE
          Was machst du da?!

                    LEX
          Ich werd gleich checken, ob
          ich noch weiß, wie man ein
          Auto kurzschließt, Sal. ich
          glaub, wir haben Glück!

AUßEN. ANGRENZUNG. GEPLÜNDERTE SHOPPING
MALL. TAG.

DAL, JACK, MOUSE und SAMMY graben mit ein
paar anderen nichtsprechenden regulären

RATS, die wir zuvor gesehen haben, Kartoffeln und anderes Gemüse aus einem Flecken schlechten Bodens aus, in kurzer Entfernung kann man die Mall sehen.

Ein plötzliches knackendes Geräusch eines Motors eines holprig fahrenden Fahrzeugs. DAL, JACK und die anderen RATS drehen sich um.

Und schauen auf den Ferrari, der hinter einer Ecke zum Vorschein kommt, schlingert und röhrt, als er so vorbeirast, dass man ihn kaum sehen kann, und die Straße runter verschwindet.

INNEN. FAHRENDER FERRARI. TAG.

SALENE fühlt sich unwohl und klammert sich am Beifahrersitz fest, als LEX durch die Gänge schaltet, beschleunigt.

Die Zahlen auf dem Drehzahl- und auf dem Geschwindigkeitsmesser steigen an, als das Fahrzeug schnell sogar noch mehr an Geschwindigkeit zunimmt.

> LEX
> Fühl mal die Stärke. Oh,
> Mann, das Teil rockt!

AUßEN. VORORTE. TAG.

Der Ferrari röhrt durch die verlassenen Straßen, fährt auf eine Auffahrt zu – und auf einen Freeway.

AUßEN. FREEWAY. TAG.

Der Ferrari rast über den verlassenen, geisterhaften Freeway … schneller … schneller.

INNEN. FAHRENDER FERRARI. TAG.

Anhand der Ziffernblätter können wir sehen, dass LEX nun wirklich an die Grenzen geht, fast bis zur maximalen Geschwindigkeit.

Und obwohl sie nervös schluckt, als sie die Umgebung undeutlich am Fenster vorbeirasen sieht, ist SALENE genauso aufgekratzt wie LEX.

Plötzlich stirbt der Motor, und das Auto wird langsamer.

> LEX
> Verdammt! Der hat wohl kein Benzin mehr.

AUßEN. FREEWAY. TAG.

Der Ferrari kommt langsam zum Stehen. Die Türen öffnen sich. LEX und SALENE steigen aus.

> SALENE
> Und was machen wir jetzt?

                    SALENE (weiter)
        Ein Taxi rufen?

                      LEX
        Klappe!

                    SALENE
        Tja, ich würde sagen, es
        sieht so aus, als hätten wir
        einen kleinen Spaziergang
        vor uns. Ich hoffe nur, wir
        sind nicht SO weit weg vom
        Mall-Rat-Sektor.

Sie schaut sich zunehmend beunruhigt um,
als sie losgehen.

Und wir ziehen uns für eine Hochsicht
zurück, um die städtische Landschaft der
einst stark bevölkerten, aber nun meist
unbewohnten Vororte und der geisterhaften
Stadt, die man in der Ferne sieht, ganz
zu zeigen.

Aber hauptsächlich unterstreicht die
Hochsicht das einsame Bild von LEX und
SALENE, wie sie über den verlassenen Freeway
laufen, weg von dem zurückgelassenen
Ferrari. Beide Türen stehen weit offen.

INNEN. SHOPPINGMALL. TAG.

EDEN schließt eine Gefriertruhe auf,
nimmt Blätter und Pflanzen heraus, dreht

sich um.

Und wird fast von SAMMY in einem
Einkaufswagen umgefahren, der vorbeirast.
MOUSE fährt hängend mehr auf dem Griff
mit, als ihn zu schieben.

>   EDEN
>   Vorsicht! Oder ihr könntet
>   jemandem wehtun. Zum
>   Beispiel mir.

Der Einkaufswagen schlägt in einen Gang
ein. Und wir sehen nun, dass wir uns
in einem Supermarkt befinden, aber in
den Gängen gibt es keine Produkte oder
Erzeugnisse. Diese Zeiten sind lange
vorbei.

>   EDEN
>   Würdet ihr mir bitte damit
>   helfen?

MOUSE schiebt SAMMY im Einkaufswagen zu
EDEN. Dann hilft sie dabei die Blätter
und Pflanzen einzusammeln und reicht sie
zusammen mit Kisten von Kräutern und
Gewürzen an SAMMY weiter, der alles
ordentlich im Einkaufswagen stapelt.

>   MOUSE
>   Was IST das ganze Zeug?

                    EDEN
        Medizin, mit der wir
        handeln können. Das wird
        es zumindest sein, wenn
        ich alles zermahle und in
        Flaschen fülle.

                    MOUSE
        Sieht nicht so wertvoll
        aus.

                    EDEN
        Verlasse dich nie nur auf
        deine Augen, Mouse. Du auch
        nicht, Sammy. Eure Augen
        können euch täuschen. Ihr
        müsst genauer hinsehen.

Sie dreht ein paar Blätter und gibt sie
dann SAMMY und MOUSE in die Hand.

                    EDEN
        Was denkt ihr, was die
        sind?

                    SAMMY
        Blätter.

                    EDEN
        Nicht nur irgendwelche
        Blätter - Stumpfblättriger
        Ampfer. Wenn ihr je Nesseln
        seht, werdet ihr auch den

EDEN (weiter)
wachsen sehen. Ganz in der
Nähe. Und wenn ihr euch je
stecht … zum Beispiel … da
–

Sie reibt zur Demonstration ein Blatt
auf ihre Hand.

EDEN
Dann reibt ihr den
Stumpfblättrigen Ampfer an
die Stelle, an der sich
der Nesselstich befindet.
Was glaubt ihr, was dann
passiert?

MOUSE
Man muss sich die stinkende,
klebrige Hand waschen
gehen.

EDEN
Nein ...

SAMMY
Es sticht wieder?

EDEN
So arbeitet die natürliche
Welt nie, Sammy. Der
Stumpfplättriege Ampfer
würde allen Schmerz, der

                    EDEN (weiter)
          von dem Stich ausgeht,
          stillen. Komplett. Ist das
          nicht faszinierend?

Sie füllt den Einkaufswagen weiter.

                    EDEN
          Die natürlichen Heil- und
          Gegenmittel sind immer
          die besten. Ihr müsst
          euch nur die Pflanzen
          anschauen, die wachsen, mit
          ihnen in Einklang kommen,
          versuchen sie zu verstehen
          - und Mutter Erde für solch
          kostbare Geschenke danken.

                    MOUSE
          Für die ganzen Erwachsenen
          hat das aber nicht so
          geklappt.

EDEN wird sehr ernst. Sie sieht MOUSE
an, die mit ihrer unschuldigen Bemerkung
kein Argument vorbringen wollte - aber
das hat sie, ein für EDEN tiefgründiges
Argument. Sie seufzt traurig, denkt nach.

                    EDEN
          Nein. Leider waren nicht
          alle Menschen im Einklang,
          Mouse. Sonst wären wir nicht
          in so einem Schlammassel

             EDEN (weiter)
    zurückgelassen worden – und
    hätten diesen nicht geerbt.

AUF DEM HAUPTPLATZ

Ein reges Treiben. TRUDY, mit im Tragetuch
festgemachtem BABY, steht mit ein paar
RATS hinter langen Tischen und packt
Erzeugnisse und eine Ansammlung von
Dingen, mit denen gehandelt werden soll,
in Kisten.

Und wir sehen AMBER und SALENE, wie sie
Kisten tragen und sie in Karren und
Einkaufswagen in der Nähe stapeln.

                 AMBER
    Nur noch ein paar. Dann
    sind wir fertig.

                 SALENE
    Das hoffe ich – ich bin
    erledigt.

                 AMBER
    Das überrascht mich nicht.
    Du musst vorsichtig sein,
    Salene. Ich rede nicht nur
    vom Laufen durch unbekannte
    Sektoren. Aber mit Lex? Der
    ist wie eine Rakete. Lenkt
    man ihn in die richtige
    Richtung, kann er ein

                    AMBER (weiter)
      gutes Ergebnis erzielen.
      Aber wenn er über's Ziel
      hinausschießt …

                    SALENE
      Ja, ich weiß. Ich
      scheine immer auf den
      Typ abzufahren, von dem
      ich glaube, dass ich ihn
      ,zähmen' kann. Das scheint
      nie so zu funktionieren.

DAL und JACK schieben Schubkarren, die
mit den Erzeugnissen beladen sind, die
wir sie zuvor ernten gesehen haben, an
LEX vorbei, und er ruft sie zu sich.

                    LEX
      Hey, Jungs.

Er sitzt da und badet seine nach seinem
Gang schmerzenden Füße in einer Schüssel
Wasser. LEX sieht sich um, und in seinem
Flüsterton liegt mehr als nur ein Hauch
von Verschwörung, als JACK und DAL bei
ihm sind.

                    LEX
      Wenn ihr damit fertig seid,
      vergesst das ,Wasser'
      nicht.

                    JACK
Du hast schon Wasser.

                    LEX
Für jemanden, der
unsere Wissensabteilung
leitet, bist du mir noch
nie besonders clever
vorgekommen, weißt du das?
Ich rede von DEM Wasser …
Wasser …

                    JACK
Oh, ich verstehe. DAS
Wasser. Wasser.

BRAY lädt Kisten auf einen Einkaufswagen,
als AMBER kommt.

                    AMBER
Wie läuft alles, Bray? Hast
du alles, was du brauchst?
Für die Maut?

                    BRAY
Ja, fast. Obwohl ich
vielleicht noch etwas ganz
Besonderes brauche. Als
Geschenk für Hawk.

                    AMBER
Ich weiß nicht, ob wir
durch den Eco-Sektor gehen

AMBER (weiter)
sollten, Bray.

BRAY
Das würde uns ungefähr 20
Stunden Zeit sparen.

AMBER
Aber trotzdem … die Ecos?

BRAY
Ich habe das ganze
Gebiet viele Male
ausgekundschaftet. Und ich
habe noch nie irgendwelche
Probleme gehabt, Amber. Man
will sich nicht mit Hawk
und den Ecos anlegen. Nie.
Aber sie sind faire Leute
…, solange wir es nur auch
sind.

AMBER schaut ihn an, dann nickt sie.

AMBER
OK, wenn du dir sicher
bist.

AUßEN. WALD. TAG.

Eine Hand bedeckt mit Armreifen aus Knochen
zieht vorsichtig einen Ast zurück.

Und wir können durch das Blattwerk sehen,

wie sich eine Reihe von RATS auf einem Pfad nähert.

BRAY führt die lange Menschenschlange durch den dichten Wald. Die RATS reisen mit allem, was sie für das Treffen zum Handeln haben, transportiert in Kinderwagen, Einkaufswagen, Rucksäcken, Schubkarren, Schiebefahrrädern, Zugwagen.

Und alle sind ein wenig unruhig, während überall unheimlicher Morgennebel hängt.

SUBJEKTIVE KAMERA

Durch die Bäume und Gestrüpp beobachtet sie unheimlich die RATS, die näher … näher … kommen, als wären sie Beute.

BRAY bleibt plötzlich stehen und zeigt den RATS an, das Gleiche zu tun.

Er lauscht den Geräuschen, die die Vögel machen, während sie sich scheinbar etwas zurufen. Und als erfahrener Scout, weiß BRAY Bescheid. Und er spricht leise und ruhig.

> BRAY
> An alle: Sagt nichts. Ich
> will, dass ihr stillsteht.
> Reagiert einfach auf nichts
> … gar nichts.

Die RATS bewegen sich nicht, sind wie

eingefroren vor lauter Anspannung, blicken sich aber heimlich und vorsichtig aus ihren Augenwinkeln heraus um.

Nichts.

Die RATS stehen wie versteinert in der unangenehmen Stille, die nur gelegentlich vom Schrei eines Vogels durchbrochen wird, da.

Es vergeht gefühlt eine lange Zeit.

> LEX
> Das ist doch verrückt!
> Kommt. lasst uns gehen. Wir
> können hier nicht ewig nur
> rumstehen und warten. Lasst
> uns …

BRAY funkelt LEX böse an, dessen Worte in der Luft hängen bleiben, als der Wald plötzlich zum Leben zu erwachen scheint.

Mit lauter ECOS, die von überall auftauchen, im ganzen Wald – Und es raubt den RATS fast den Atem.

Besonders LEX, der das lange Ende eines Speeres hinunterblickt.

Die ECOS scheinen überall zu sein. Manche hocken sogar hoch oben in den Bäumen – es ist ein überwältigender und einzigartiger Anblick.

Alle heben Waffen an, Speere, Langbogen und sehen nur zum Teil menschlich und zum Teil wie Pflanzen aus, wie lebende Baummenschen, ihre Körper sind mit Zweigen und Blättern, mit Ketten aus Rinde und Knochen bedeckt.

Aber es sind ihre Gesichter, die so wild und markant aussehen.

Mit angetrocknetem Schlamm und ganz weiß bemalt mit roten Streifen – wie Blut – um die Augen. Ihre Haare sind ein tiefes Grün wie das des Waldes und durch wie Strähnen eingeflochtene Zöpfe aus Flachs und Pflanzen verlängert.

So wild und urtümlich das alles auch ist, scheint es auch so, als ob diese Leute von einem ganz anderen Planeten stammen würden.

Vor allem ihr Anführer HAWK, der zwischen den Bäumen hervorkommt. Er trägt eine fabelhafte Kopfbedeckung aus bunten Federn, und obwohl er bedrohlich aussieht, strahlt er Würde aus. Kraft.

MOUSE und SAMMY klammern sich an AMBER und EDEN, während HAWK auf BRAY zugeht und nickt.

> HAWK
Bray ....

                    BRAY
          Wie geht es dir, Hawk?
          Lange nicht gesehen.

Sie begrüßen sich mit der Faust, dann
gibt HAWK den ECOS ein Zeichen, und diese
senken ihre Waffen.

                    BRAY
          Das sind die Mall Rats. Sie
          nehmen am Treffen teil.
          In Sektor sieben. Und sie
          möchten eine Maut anbieten,
          damit sie den Wald sicher
          durchqueren dürfen … Euren
          Wald …

                    HAWK
          Von einem Freund brauchen
          wir keine Maut, Bray.

DAL und JACK tauschen unbehagliche Blicke
aus und flüstern miteinander.

                    DAL
          Mit solchen Freunden …
          hätte man KEINE Feinde.

                    JACK
          Oder man würde auf der
          Speisekarte landen. Tot
          sein. Diese Leute. Mann.
          Verrückt.

BRAY
Dann nimm das bitte alles
als Geschenk an, Hawk. Es
wäre uns eine Ehre, wenn du
es annimmst.

AMBER schiebt einen Karren voll mit Obst
und Gemüse nach vorne, und BRAY gibt HAWK
einen gleichen. Er nimmt alles mit Anmut,
mit großer Würde an und nickt.

HAWK
Die Ehre besteht darin dich
zu kennen. Und den Respekt
zu haben, den du für unsere
Lebensweise und unsere
Leute zeigst. Du bist hier
immer willkommen, Bray. Hab
eine sichere Reise, mein
Freund.

AUßEN. MONTAGE VOM STAMMESTREFFEN. TAG.

WACHEN von verschiedenen TRIBES überprüfen
die Leute auf Waffen, die am ‚Tor‘, am
abgesperrten Eingang zurückgelassen
werden müssen.

Dahinter nehmen wir das volle Flair und
die Farben, ein wahres visuelles Spektakel
wahr. Zelte, Handel, frische Erzeugnisse
auf Ständen, Schafe und Vieh, das durch
die MENSCHENMENGEN hindurchgeführt wird.
Musik, Breakdance-Wettbewerbe. Ein

Treffen der TRIBES, eine Vielzahl von wildem Make-up, grungeartigen Moden, jungen Leuten, die sich ausdrücken, indem sie die verschiedenen Looks und Kulturen aller, die teilnehmen, feiern.

Federn, Kriegsbemalung avantgardistisch, urtümlich, futuristisch. Manche haben sogar angepasste Schweißmasken und Haarverlängerungen aus verdrehtem Draht und Federn, alles Mögliche und Unmögliche, was zur Zeit des Zusammenbruchs der Gesellschaft ergattert wurde, um ein Fashionstatement abzugeben oder ihre Identität zu zeigen.

SALENE UND TRUDY

sind zusammen mit dem BABY, das mit einem Laken wie mit einem Tragetuch auf TRUDYS Rücken diagonal auf ihren Schultern festgemacht ist, an einem Stand, und schauen sich Klamotten zum Handeln an.

WIR SEHEN BRAY,

wie er EDEN beim Tanzwettbewerb zusieht – und sie kann echt tanzen.

Aber es gibt einen introspektiven Moment, als EDEN in die MENGE schaut, als ob ihre anmutigen, sinnlichen Bewegungen nur für BRAY gemacht wären, was sie auch tatsächlich sind.

Und BRAY weiß das.

LEX, DAL UND JACK

sind an einem Stand und verkaufen
skrupellos ein angebliches Gegenmittel
gegen den Virus. LEX reicht eine kleine
Wasserflasche an einen KUNDEN.

> LEX
> Bitte sehr, Partner. Ich
> wünsche dir ein langes und
> glückliches Leben.

JACK, der sich unbehaglich fühlt, nimmt
sich LEX für ein privates Wort zur Seite.

> JACK
> Lex ... Das gefällt mir
> nicht.

> LEX
> Mir schon.

> DAL
> Für mich fühlt sich das
> auch nicht richtig an, Lex.

> LEX
> Wir räumen richtig ab.
> Seht – Alkohol, Decken,
> Batterien. Wenn wir Glück
> haben, vielleicht sogar
> Sex.

                    JACK
            (nun ein wenig in
              Versuchung)
      Glaubst du?

                    LEX
      Alles Mögliche. Also haltet
      die Klappe und lasst uns
      weitermachen.

                    DAL
      Ja, aber was passiert, wenn
      wir erwischt werden?!

INNEN. ZELT. STAMMESTREFFEN. TAG.

AMBER versucht von den ANFÜHRERN und
BERATERN der Tribes Unterstützung für die
Ausdehnung des Abkommens zu bekommen.

                    AMBER
      Das Abkommen hat jetzt
      schon so lange so gut
      funktioniert. Ich weiß,
      wir hatten alle unsere
      Differenzen -

                  HARMONY
      Nennt man das so?

                    AMBER
      OK,
      Meinungsverschiedenheiten.

AMBER (weiter)
Aber die Mall Rats glauben
einfach, dass es Sinn
machen würde, uns alle
wieder allen Prinzipien
zu verpflichten. Das Recht
aller Tribes anzuerkennen in
Frieden zu leben. In ihren
eigenen Sektoren - ohne
Angst haben zu müssen, dass
irgendjemand einmarschiert.
Oder sonst irgendwelche
Ansprüche stellt.

ZOOT
Wer hat was von …
Einmarschieren gesagt?

AMBER
Du kannst nicht bestreiten,
dass es Gerüchte gegeben
hat, Zoot. Und damit werden
wir nichts erreichen. Wenn
wir einfach Bündnisse
formen könnten. Das wäre
besser, als kriegsführende
Tribes zu haben. Dann
könnten wir vielleicht alle
über die Einführung einer
sozialen Charta nachdenken.
Für Recht und Ordnung …
Völkerrechte …

Es herrscht eine gewisse Grundanspannung,

eine Atmosphäre des Mistrauens – und
etwas ist unheimlich daran, wie intensiv
FLAME ZOOT anstarrt, wie gebannt, während
HARMONY versucht einen Deal auszuhandeln.

> HARMONY
> Die Privileged KÖNNTEN
> zustimmen ..., wenn wir
> Sektor 5 übernehmen ...

> AMBER
> Ich glaub, du verstehst
> nicht, was ich meine,
> Harmony.

> HARMONY
> Du meinst die Locos. Die
> wollen die Kontrolle über
> Sektor 5 übernehmen. Von
> den Demon Dogs, wie wir
> hören.

> SILVER FACE
> Und wenn wir euch die
> Kontrolle über Sektor 5
> überlassen würden, was
> würden wir dann kriegen?

> HARMONY
> Getreide ... Korn ... Wir
> könnten uns sicher irgendwie
> einigen.

                    ZOOT
          Glaub nicht, dass die Demon
          Dogs interessiert wären,
          oder?

Er wirft SILVER FACE einen drohenden
Blick zu, und der schüttelt den Kopf –
nein.

                    AMBER
          Was hast du dazu zu sagen,
          Flame?

                    HARMONY
          Er ist cool damit.

                    AMBER
          Warum lässt du Flame nicht
          für sich selbst sprechen?

                    HARMONY
          Tut er.

                    AMBER
          Nein, du hast gerade für
          ihn gesprochen, Harmony.
          Ich habe Flame gefragt.
          Schon vergessen?

                    HARMONY
                 (eisig)
          Ich hab gesagt, er ist cool
          damit!

                    AMBER
                   (eisig)
          Aber ER hat's nicht!

                    ZOOT
          Was ist überhaupt mit dem
          los?! Warum zur Hölle glotzt
          der so? Ist der auf Drogen?
          Auf Kava oder sowas?

FLAME starrt ZOOT immer noch nur an.
Durchdringend. Blinzelt nicht einmal.

                   HARMONY
          Flame verlässt sich auf
          meinen Rat, das ist alles.
          Und wenn ich cool damit
          bin, dann ist Flame cool
          damit.

                    ZOOT
          Du ‚rätst' ihm besser, dass
          er damit aufhören soll,
          mich auszuchecken. Das
          macht mich irre, Mann! So
          was von!!!

Aber FLAME starrt ZOOT weiter
durchdringend an, ausdruckslos, während
AMBER diplomatisch versucht das Thema zu
wechseln.

                    AMBER
          Schaut, wieso reden wir
          nicht wieder über das
          Abkommen und über ein
          Gesetz? Versuchen es
          unterschrieben zu bekommen?
          Zum Wohle aller. Es ist
          wirklich der einzige Weg,
          die Zukunft zu sichern. Für
          ALLE Tribes.

AUßEN. STAMMESTREFFEN. TAG.

Im Bereich des Tanzwettbewerbs warten
die MALL RATS unter ihnen TRUDY, SALENE,
BRAY und EDEN, in gespannter Erwartung,
als der DJ bekanntgibt:

                    DJ
          Wir haben jetzt die
          Ergebnisse des Breakdance-
          Wettbewerbs. Auf dem
          dritten Platz. Angel
          Infusion von den Roosters.
          Auf dem zweiten Platz Moon-
          glow von Golden Dawn. Und
          auf dem ersten Platz …
          lasst was hören – für Eden
          von den Mall Rats!

Die MENGE KLATSCHT und BRAY, SALENE und
TRUDY JUBELN.

EDEN geht zur Bühne, auf der man einen

Strandbuggy sieht, und bekommt ein Schlüsselset und eine Trophäe überreicht.

                    DJ
        Bitte sehr! Herzlichen
        Glückwunsch.

EDEN nickt dankbar und winkt der MENGE zu, als sie mit den Schlüsseln und der Trophäe zu BRAY, TRUDY und SALENE geht.

                    BRAY
        Gut gemacht!

                    SALENE
        Das ist super, Eden!

                    TRUDY
        Ich wünschte, ich könnte so
        tanzen.

                    EDEN
        Das hat mehr mit dem Geist
        meines Tieres zu tun, dem
        Schneeleoparden. Ich war im
        Einklang.

                    BRAY
        Also, was wirst du mit dem
        Strandbuggy machen?

                    EDEN
        Versuchen etwas gegen

           EDEN (weiter)
ein paar Liter Benzin
einzutauschen. Ich glaube,
die Locos kontrollieren
wohl das meiste, was davon
heutzutage noch übrig ist.
Wenn ich Glück habe - nehme
ich euch alle auf eine
Spritztour mit.

             TRUDY
Ich glaub nicht, dass du
daran Interesse hättest,
oder, Salene? Nicht nach
dem Gang, den du vor Kurzem
mit Lex antreten musstest.

SALENE lächelt beim Gedanken daran, ohne
es zu wollen.

             EDEN
Und ich glaube auch nicht,
dass du und das Baby darauf
Lust hättet, Trudy. Also
bleiben wohl nur du und ich
übrig, Bray.

TRUDY und SALENE tauschen bei dieser Spur
des Flirtens einen angewiderten Blick
aus, während EDEN beim Davonschleichen
über die Schulter guckt und BRAY ein
verführerisches Lächeln schenkt.

AN EINEM STAND

SAMMY sieht zu, wie MOUSE mit aller Kraft einen Dolch auf eine entfernte Zielscheibe wirft. Aber der Dolch schlägt weit entfernt von der Mitte der Zielscheibe ein, und MOUSE STÖHNT frustriert.

> MOUSE
> Ah! ich hätte es fast geschafft!

> STANDBESITZER
> Willst noch einen Versuch?

> MOUSE
> Ich hab nichts mehr zum Handeln. Also gib mir doch einfach das Huhn. B-I-T-T-E!

Sie sieht so engelsgleich aus, aber der STANDBESITZER wird nicht weich.

> STANDBESITZER
> Sorry. Geht nicht.

> MOUSE
> Stimmt es, dass es giftige Eier legt, die dich töten?

> STANDBESITZER
> Was?!

MOUSE
Das haben wir gehört.
Stimmt's, Sammy?

SAMMY ist verwirrt - huh? Und sie tritt
ihn.

SAMMY
Oh, ja. Stimmt.

MOUSE
Giftige Eier. Von denen
du stirbst. Ein langer,
schmerzhafter Tod! Ich rede
von echter Qual …

STANDBESITZER
Netter Versuch, Kleine.
Aber ich bin nicht von
gestern.

Er geht weg, um einen anderen KUNDEN zu
bedienen, als BRAY ankommt. Er ist leicht
amüsiert, es tut ihm aber auch leid,
MOUSE so frustriert und niedergeschlagen
zu sehen.

BRAY
Was ist los?

MOUSE
Ich hab versucht das Huhn
zu gewinnen! Ich LIEBE es.
Es ist so süß. Aber das

                    MOUSE (weiter)
ist nicht fair. Man kann
ECHT nicht glauben, dass
irgendwer das Ziel trifft.
Geht nicht!

                    BRAY
Wie lautet der Deal?

                STANDBESITZER
Na, so wie sie gesagt hat,
triff das Ziel, und du
bekommst das Huhn. Verfehle
es, und ich behalte, was
auch immer du zum Tauschen
hast. Willst du's versuchen?

                    BRAY
Ich … hab nicht viel, nur
ein paar Streifen Kaugummi.

                STANDBESITZER
OK. Du hast einen Versuch.

BRAY tauscht die Kaugummistreifen gegen
den Dolch.

Er schaut den Dolch an, atmet tief durch,
nimmt das Ziel ins Visier, als ob er den
Kurs des Dolches skizziert, dann dreht er
sich, wirft.

Und trifft das Ziel. Locker.

MOUSE, SAMMY und eine sich versammelnde
MENGE sind beeindruckt, klatschen.

                    MOUSE
          Super. Woher wusstest du,
          wie das geht?!

                    BRAY
          Ähm, war bloß Glück, denk
          ich.

Der STANDBESITZER ist nicht so begeistert
wie MOUSE, als er das gackernde Huhn
übergibt.

                STANDBESITZER
          Glück?! Mann, du musst
          tausend Jahre geübt haben.
          Bitte sehr. Vorsicht mit
          den Eiern, ja?

MOUSE schenkt dem STANDBESITZER ein
falsches Lächeln, und wir gehen mit ihr,
SAMMY und BRAY mit. Unter einem Arm klemmt
MOUSE das Huhn, dann hält sie BRAYS Hand
mit ihrem anderen Arm.

                    BRAY
          Eiern?

                    MOUSE
          Der ist nur neidisch. Auf
          MEIN Huhn. Hat gesagt, es
          legt giftige Eier. Aber der

                    MOUSE (weiter)
hat nur getrickst. Stimmt's,
Sammy? Damit niemand sonst
es haben will.

                    SAMMY
Stimmt.

                    MOUSE
Aber ich will es. Und ich
werd dich Henrietta nennen.
Du bist so cool. Und du
auch, Bray. Weißt du das?

DAL kommt panisch an.

                    DAL
Lex ist in Schwierigkeiten.
Er braucht Hilfe!

AM GEGENMITTELSTAND

LEX befindet sich in einer riesigen
Schlägerei. Obwohl er sich als geübter
Straßenkämpfer richtig reinhängt, wird
er von ein paar Mitgliedern der LOCOS
übel verprügelt.

Und Jack versucht sie wegzuziehen.

                    JACK
Er hat genug! Bitte! Ihr
werdet ihn noch umbringen!
Kommt schon! Viel mehr wird

                    JACK (weiter)
          er nicht aushalten!!!

Ein LOCO dreht sich um, schleudert JACK
auf den Boden, und im Hintergrund können
wir sehen, wie TRUDY, EDEN, SALENE und
AMBER sich aus verschiedenen Richtungen
nähern.

JACK kommt unsicher wieder auf die Beine
und zuckt zusammen, als ein LOCO eine
Stange anhebt und bereit ist zuzuschlagen.

DAL, MOUSE, SAMMY und BRAY kommen an.
BRAY schreitet schnell ein, dreht sich,
springt, tritt und entwaffnet so den
LOCO, der JACK schlagen will, die Stange
fliegt dem LOCO aus dem Griff.

Und dann folgt eine Reihe beeindruckender
Martial-Arts-Bewegungen, BRAY kümmert
sich um die anderen Locos, und es
braucht nicht lange, bis alle LOCOS sich
zerstreuen, mit DIESEM Typ wollen sie
sich nicht anlegen.

LEX kümmert sich um seine Wunden, und BRAY
streckt die Hand aus, um LEX aufzuhelfen.

                    LEX
          Danke. Ich schulde dir was.

EDEN, TRUDY, SALENE und AMBER kommen an.

AMBER
Was ist passiert?!

Es ist nicht einfach für JACK und DAL zu
gestehen - aber sie tun es.

DAL
Wir haben versucht mit
Minzwasser zu handeln. Als
Mittel gegen den Virus. Und
ein paar der Locos haben es
rausgefunden.

AMBER
Wie konntet ihr nur?!

LEX
Ja, mir geht's gut, danke.
Ich werd einfach hier
stehen und verbluten. Mit
meinen ganzen Wunden. Macht
euch um mich keine Sorgen!

AMBER
Das hast du dir selbst
zuzuschreiben. „Minzwasser"?
Niemand sollte je versuchen
einen Loco über den Tisch
zu ziehen. Das solltest du
wissen.

LEX
Jetzt geht's mir besser.

>   AMBER
> Kann jemand Lex helfen? Ihn
> sauber machen?

EDEN und SALENE sind schon dabei. DAL
gießt Wasser aus, TRUDY macht Tücher nass
und reicht sie EDEN und SALENE die über
LEX' Wunden wischen.

>   AMBER
> Wieso habt ihr gedacht, ihr
> würdet damit durchkommen?

>   JACK
> Eigentlich … haben wir das
> nicht gedacht.

>   AMBER
> Trotzdem hattet ihr mit
> einem recht: Wenn du und
> dein Team jemals eines
> herstellen könntet, Jack,
> wäre es ein mächtiges
> Zahlungsmittel.

>   JACK
> Das ist sicher. Man hat
> uns alles Mögliche dafür
> angeboten. Such's dir aus.
> Ein Mädchen hat … naja …
> es hat an … alles Mögliche
> gedacht.

Er bringt es nicht über sich, Sex zu

sagen, aber AMBER kann es sich vorstellen und wirft ihm einen Blick zu. Er täuscht unbehaglich ein Lächeln vor und zieht sich zurück.

> JACK
> Ich geh mal nach dem Zeug
> sehen, das wir haben.
> (Er fügt plötzlich, um
> gut dazustehen hinzu):
> Gefiltertes Regenwasser hat
> sich gut verkauft.

> AMBER
> Freut mich zu hören.

Sie sieht JACK an, der sich umdreht und schnell zum Stand geht, unbedingt wegwill, AMBER seufzt vor sich hin, ist von allem verwirrt.

> BRAY
> Also … wie laufen die
> ganzen Verhandlungen?

> AMBER
> Wir machen Pause. Und
> haben uns darauf geeinigt,
> weiterzumachen. Das Problem
> ist nur – Zoot scheint
> verschwunden zu sein.
> Bleibt nur zu hoffen,
> dass kein falsches Spiel
> gespielt wird.

INNEN. FLAMES PRIVATRÄUME. FERIENANLAGE DER PRIVILEGED. NACHT.

Brennende Fackeln werfen unheimliche Schatten. FLAME steht da und schaut abwesend auf mehrere Spiegelbilder von sich in einer Wand aus Spiegeln. Gedankenverloren spielt er seine Gitarre – großartige heulende Riffs.

Türen fliegen auf. HARMONY, OX und die SICHERHEITSLEUTE platzen rein, schleudern eine Kapuze tragende, mit Seilen gefesselte und geknebelte GESTALT auf den Boden.

FLAME dreht sich nicht mal um und scheint sich auch nicht die Mühe zu machen, hinzusehen oder es irgendwie zur Kenntnis zu nehmen. Er spielt nur weiter diese heulenden Riffs.

Aber wir können in der Spiegelung sehen, wie HARMONY, die Kapuze wegzieht und ZOOT zum Vorschein kommt, während er runter auf die Knie gezwungen wird.

> HARMONY
> Nun, du wolltest ihn, Flame
> – und hier ist er, Zoot
> höchstpersönlich. Und wir
> mussten nicht mal etwas für
> ihn tauschen. Gar nichts.
> Also … Sklavencamps?

FLAME ignoriert ZOOT und alle anderen immer noch. Er spielt nur weiter diese heulenden Riffs, ist vollkommen eingenommen, schaut abwesend sein Spiegelbild an, als wäre er in einer anderen Welt verloren.

> HARMONY
> Flame? Guck, ich hab dir
> Zoot gebracht. Wie geplant.
> Was soll für dich mit ihm
> gemacht werden?

FLAME sieht ZOOT immer noch nicht an, nur sein eigenes Spiegelbild.

> FLAME
> Ich will, dass er gebadet
> und gereinigt wird. Dann
> werde ich mich ,um ihn
> kümmern'. Nach meiner
> Übungsrunde.

INNEN. SHOPPINGMALL. NACHT.

TRUDY gibt dem BABY in der Bettenabteilung die Brust. SALENE, EDEN und AMBER sitzen auf Betten in der Nähe.

> SALENE
> Vielleicht hat der Guardian
> gelogen? Was Zoot betrifft?

                    AMBER
Könnte sein … dabei schon
wieder?

                    TRUDY
Er würde das nicht als
Verzögerungstaktik bei den
Verhandlungen einsetzen
müssen. Ich meine, er
könnte sich alle möglichen
Gründe einfallen lassen.

                    AMBER
Bei Zoot und dem Guardian
weiß man einfach nie, wo
mit man es zu tun hat.

DAL und JACK kommen.

                    TRUDY
Hattet ihr Glück?

                    JACK
Nein. wir haben nochmal in
seinem Zimmer nachgesehen.
Überall in der Mall.
Nochmal. Wir haben überall
gesucht.

                    AMBER
Komisch, dass Bray AUCH
plötzlich verschwindet.

                    EDEN
        War nur eine Frage der
        Zeit. Alle Freigeister
        ziehen weiter.

                    TRUDY
        Da wäre ich mir nicht
        so sicher. Er hat mir
        versprochen eine Weile zu
        bleiben, Eden … und Bray?
        Er ist zuverlässig. Jemand,
        dem man vertrauen KANN.

Ein langanhaltender heulender SCHREI
hallt von außerhalb des Bildes durch die
Mall.

                    AMBER
        Was ist los?

IN DER ESSENSHALLE

MOUSE ist hysterisch. Und SAMMY auch.
Die RATS kommen zunehmend panisch und
besorgt an.

                    AMBER
        Was ist passiert?

                    MOUSE
        Arme Henrietta!!!

                    AMBER
        Bring Mouse und Sammy in

AMBER (weiter)
ihr Zimmer und versuch sie
zu beruhigen.

MOUSE gibt AMBER einen Teller mit Knochen,
dann führt EDEN MOUSE und SAMMY, die
schluchzen und SEHR aufgelöst sind, weg.

AMBER funkelt LEX böse an. Der sitzt an
einem Tisch, leckt sich die Finger und
stößt einen gewaltigen Rülpser aus.

AMBER
Das hast du nicht getan?!

LEX
Guck mich nicht so an! Ich
hatte Hunger!

AMBER
Du bist widerlich!!!!

LEX
Und nach dem ganzen Stress
beim Treffen, denke ich,
habe ich was Leckeres
verdient. Henrietta war
das Beste, was ich seit
Ewigkeiten gegessen hab!

AMBER
Armselig!!!

                    LEX
        Wo zur Hölle ist das
        Problem!? Nach den ganzen
        Menschen, die ausgelöscht
        wurden, ist das nur ein
        weiterer Tod. Und nur ein
        gottverdammtes Huhn!

Er rülpst nochmal. AMBER, SALENE und TRUDY
sehen ihn schockiert und fassungslos
an - und er ruft ihnen nach, als sie
davonstürmen.

                    LEX
        Es gibt keine Hoffnung für
        eine neue Generation Mall
        Rats, wenn Kinder wie Mouse
        nicht härter werden. Sie
        muss drüber wegkommen. Was
        ist daran so eine große
        Sache?!

AUßEN. WALD. NACHT.

Ein BOWIEMESSER schneidet durch Teile von
Seilen und Reben.

BRAY KOMMT ZUM VORSCHEIN.

Er bewegt sich heimlich durch die
Dunkelheit in einem Waldgebiet, bindet
Seile und Reben, befestigt sie an Bäumen,
grenzt einen Weg ab.

INNEN. FLAMES PRIVATRÄUME. FERIENANLAGE
DER PRIVILEGED. NACHT.

ZOOT, jetzt in einer Robe, aber immer noch
geknebelt und mit gefesselten Händen,
wird von OX auf den Boden geworfen.

HARMONY sieht fasziniert zu, während
FLAME an seiner Kava nippt, hinüber geht
und auf ZOOT herunterschaut.

>   FLAME
>   Zoot. Der mächtige Krieger
>   Zoot. Weißt du, du hättest
>   sogar ein Kandidat für die
>   Privileged sein können.
>   Denn ich kam nicht umhin,
>   beim Treffen zu bemerken,
>   dass du neben so richtig
>   mächtig und legendär auch
>   … komischerweise ziemlich
>   schön bist.

AUßEN. AN DER GRENZE DER FERIENANLAGE DER
PRIVILEGED. NACHT.

Die Ferienanlage ist in Licht getaucht,
von brennenden Fackeln erleuchtet.

Und wir finden BRAY, der sich in den
Schatten versteckt, die WACHEN auscheckt,
die auf Streife vorbeigehen.

INNEN. FLAMES PRIVATRÄUME. FERIENANLAGE DER PRIVILEGED. NACHT.

FLAME läuft um ZOOT herum. schnippst Kava aus seiner Schüssel, als würde er ihn salben.

ZOOT zuckt bei jedem Schwung Flüssigkeit zusammen.

FLAME lächelt, aber eiskalt, seine Worte sind voll mit gespielter Besorgnis – aber manisch.

> FLAME
> Oh, gefällt dir das nicht, Zoot? Schade. Siehst du, Kava kann dich – genau wie Musik – an Orte führen, an denen du noch nie zuvor gewesen bist. Auf eine Entdeckungsreise, die dich umhauen wird! Liebe sie. Und sie wird dich auch lieben. Hasse sie, und … naja … Hass ist so ein interessantes Gefühl, das ich entdeckt habe, seit die Dunkelheit hereingebrochen ist.

Er süffelt mehr von der Flüssigkeit, schnüffelt an ihr, genießt sie. Dann sieht er ZOOT wieder abwesend, kalt an.

FLAME
Und heute Nacht,
mächtiger Zoot …, wirst
du herausfinden, was es
heißt, privilegiert zu
SEIN. Denn der Gott Flame
selbst wird jeden Tropfen
Blut, ja, deine Seele, aus
dir heraussaugen! (Zu OX):
Fixiere ihn!

AUßEN. FERIENANLAGE. NACHT.

BRAY geht vorsichtig zu einem Gelände,
wo er anfängt Benzin aus Fahrzeugen
abzusaugen.

INNEN. FLAMES PRIVATRÄUME. FERIENANLAGE
DER PRIVILEGED. NACHT.

ZOOTS AUGEN sind mit wilder Angst
erfüllt, seine Schmerzensschreie klingen
noch gequälter durch seinen Knebel, als
FLAME ZOOT auf den Rücken springt, an den
Haaren und den Kopf zurückzieht - und
Gefahr läuft ihn zu erwürgen.

Aber das scheint FLAME nur mehr zu erregen.
Er fängt an ZOOTS Nacken zu küssen und
dann zu beißen.

HARMONY und OX sehen überrascht zu und
sind genauso fasziniert wie beunruhigt
davon.

AUßEN. FERIENANLAGE DER PRIVILEGED. NACHT.

BRAY bewegt sich leise, heimlich, behält weitere WACHEN im Auge, die vorbeigehen, während er einen langen Strahl Treibstoff ausleert, den ganzen Kanister leer macht.

INNEN. FLAMES PRIVATRÄUME. FERIENANLAGE DER PRIVILEGED. NACHT.

FLAME ist fast wie ein wildes Tier, verliert die Kontrolle und fängt an zu saugen, zieht Blut heraus, das auf FLAMES eigenes Gesicht überfließt, inmitten von Schweiß und Speichel, während er fieberhaft ZOOTS Körper und Leistengegend streichelt.

OX und HARMONY sehen gebannt zu, können nicht wegschauen.

FLAME stöhnt jetzt in manischem Wahn, intensiv, ZOOTS Horrorqualen und Schreie scheinen FLAMES grausames, sadistisches Verlangen anzuheizen, während er wieder und wieder in ZOOTS Nacken beißt.

Und FLAME erstickt sich schließlich fast selbst, ist unfähig mit dem Übermaß an primitivem, abartigem Vergnügen klarzukommen, während er an der Haut reißt, mehr Blut raussaugt und schluckt.

ZOOT dreht sich, FLAME wird durch die

Schwungkraft auf den Boden geschleudert. OX schreitet ein und tritt ZOOT in die Leistengegend, wodurch dieser nach vorne fällt.

HARMONY schaut zu, ist beunruhigt, aber es ist unklar, ob davon, was sie gerade mitangesehen hat, oder aus Mitleid gegenüber dem verstörten ZOOT der zusammengebrochen am Boden liegt.

Oder mehr wegen FLAME, der aufsteht und anfängt zu lachen, manisch, während er ZOOTS Blut wegwischt, daran leckt, es in seinem Mund schmeckt und dabei auf seine vielen Reflektionen in der Spiegelwand schaut.

Die scheinbar unzählige Bilder von den umherwehenden Flammen der Fackeln widerspiegelt –

Und von FLAME selbst, als wäre er der Teufel in der Hölle.

AUßEN. FERIENANLAGE DER PRIVILEGED. NACHT.

WACHEN gehen vorbei, und wir finden BRAY, der sich durch die Schatten zum Eingang der Hauptanlage bewegt.

INNEN. FLAMES PRIVATRÄUME. FERIENANLAGE
DER PRIVILEGED. NACHT.

FLAME schluckt mehr Kava hinunter, sinkt
langsam auf die Knie, sein manisches
Lachen verstummt, und er bricht
unkontrolliert schluchzend zusammen,
wird von wuchtigen Schluchzern geplagt,
während er eindringlich, halluzinierend
auf sein Spiegelbild schaut.

> HARMONY
> Bist du … OK?

> FLAME
> Warum sollte ich es nicht
> sein?! Ich bin Flame,
> stimmt's? Na?!!! Oder der
> Teufel???!!! Wer?!!!

Er schleudert die Schüssel wütend gegen
die Spiegelwand, diese zerrbricht.

Und spiegelt noch mehr zerrissene Bilder
zurück, was FLAMES Leiden verstärkt,
während er sieht, wie Blut aus seinem Mund
strömt, und dahinter auf ZOOT blickt,
inmitten der brennenden Fackeln.

> HARMONY
> Du bist ein Gott, Flame,
> der von allen angebetet
> wird!

FLAME

Zoot! Er ist der Teufel,
Harmony. Böses Blut! Werd
ihn los! Sofort! Schaff ihn
mir aus den Augen!!!

HARMONY

Was soll mit ihm geschehen
– Sklavencamps?

FLAME

Nein! Auf keinen Fall.
Nein. Nein. Nein. Nein.
Nicht nach allem, was er
getan hat …

Er taumelt, dreht sich um, schaut auf ZOOT
herab – und sein Gesicht ist verzerrt von
einer Mischung aus Verwirrung, Angst, Wut
und kochendem Hass.

FLAME

(stimmhaft)

Oh, mächtiger Zoot. Als
der Gott Flame übergebe
ich dich dem Obersten Rat,
damit dieser über dich
richtet. Weil du unreines
Blut und eine unreine Seele
hast! Und weil du … BÖSE
bist!

OX und HARMONY tauschen einen beunruhigten
Blick aus, als FLAME wieder in manisches

Lachen ausbricht.

Dann dreht er sich um und schaut auf die verschiedenen Spiegelbilder von sich und ZOOT inmitten der umherwehenden Flammen.

> FLAME
> Kein Platz für dich im
> Privileged-Himmel, Teufel,
> Zoot, mein Freund. Du
> fährst zurück zur Hölle!!!

INNEN. FLUR. FERIENANLAGE DER PRIVILEGED. NACHT.

Eine Reihe unheimlicher Mitglieder des OBERSTEN RATES der Privileged in weißen Roben mit Kapuzen geht vorbei, trägt Kerzen, und alle von ihnen skandieren ein ominöses Mantra.

Aber der LETZTE in der Reihe verschwindet unter einem kaum wahrnehmbaren Stöhnen, wird aus den Schatten heraus durch die Tür in einen Raum gezogen.

AUßEN. HAUPTFERIENANLAGE DER PRIVILEGED. NACHT.

Das Schlagen von Trommeln, ZOOT, dessen Hände mit einem Seil zusammengebunden sind, wird vor den versammelten TRIBE und den Roben und Kapuzen tragenden OBERSTEN RAT geführt.

          HARMONY
     FLAME empfiehlt keine Gnade
     mit dem Krieger Zoot, der
     vor euch steht, wallten zu
     lassen. Und die Todesstrafe.
     Was ist eure Empfehlung,
     Oberster Rat?

Der OBERSTE RAT skandiert gemeinschaftlich.

          OBERSTER RAT
     Steinigung! … Steinigung!!
     … Steinigung!!!

Der TRIBE bricht in gruseliges,
wahnhaftes Kreischen aus, alle johlen
gemeinschaftlich, und HARMONY ruft über
alles hinweg.

          HARMONY
     Jeder Stammesbruder und
     jede Stammesschwester, der
     oder die von Zoot – oder
     den Locos – betroffen war,
     hat nun die Chance sich zu
     rächen. Und einen Stein
     einzusammeln.

Ein MITGLIED DES IN ROBEN GEKLEIDETEN
OBERSTEN RATES tritt heran, hebt einen
Stein auf.

          HARMONY
     Ah, es ist eine wahre

HARMONY (weiter)
Ehre, dass ein Mitglied
des Obersten Rates
den allerersten Stein
wirft, Stammesbrüder
und -schwestern! Danke,
Hochwürdiger, dass du uns
den Startschuss gibst!

Aber statt auf ZOOT – wirft das RATSMITGLIED den Stein einer WACHE ins Gesicht, die in der Nähe steht, und wir zeigen –

BRAY.

Er ist als Kapuze tragendes MITGLIED verkleidet, und schneidet nun das Seil, mit dem ein sehr überraschter ZOOT gefesselt ist, mit seinem Bowiemesser durch. SICHERHEITSLEUTE DER PRIVILEGED nähern sich schnell.

BRAY
Folg mir! Beweg dich!

WIR SEHEN HARMONY.

Sie brüllt Anweisungen über den ganzen Wahnsinn und das Schlagen der Trommeln hinweg.

HARMONY
Ihnen nach! Lasst sie nicht
entkommen!!

HARMONY und die STAMMESKRIEGERWACHE rennen mit Vollgas hinter ihnen her.

BRAY UND ZOOT

rennen auf der Flucht um ihr Leben, da beide fähige Krieger sind, schalten sie jeden aus, der sich ihnen in den Weg stellt.

BRAY reißt einer WACHE eine brennende Fackel aus den Händen, schleudert diese weg und

ENTZÜNDET SO EINE FEUERWAND.

Diese ist Barriere genug, um manche, aber nicht alle aus den Massen des sich versammelnden TRIBES an der Verfolgung zu hindern.

Die VERFOLGUNGSJAGD

ZOOT und BRAY rennen mit Vollgas.

PRIVILEGED-KRIEGER holen auf.

BRAY und ZOOT steigen auf einen Zaun, springen runter.

Und tauschen Schläge mit WACHEN aus, die auf sie zukommen.

BRAY und ZOOT gehen weiter, drängen sich selbst an ihr Limit, sind außer Atem, erschöpft, aber finden die Willenskraft weiterzumachen.

Aber die WACHEN haben sie nun fast
erreicht.

BRAY und ZOOT rennen auf der Flucht zum
Strandbuggy.

                    BRAY
          Steig ein. Beweg dich,
          beweg dich!

Sie springen in den Buggy. BRAY startet
den Motor, beschleunigt, fährt auf eine
Gruppe von PRIVILEGED-WACHEN zu, die
auseinander geht.

Während der Buggy wegfährt -

Und die Gruppe eilt zu ihren eigenen
Stammesfahrzeugen auf dem Gelände.

Manche haben kein Benzin und springen
nicht an (das Ergebnis davon, dass Bray
zuvor die Tanks geleert hat.)

Aber man hört die ohrenbetäubenden
Geräusche von ein paar Geländemotorrädern,
die explosionsartig anspringen, als
WACHEN rasend die Verfolgung aufnehmen.

AUßEN. WALD. NACHT.

BRAY und ZOOT krallen sich fest, während
der Strandbuggy in der Dunkelheit über

einen Pfad im Wald rast.

Die Motorräder, die ihn verfolgen, holen
auf - schnell.

ZOOT UND BRAY AUF DER FAHRT

Sie schauen heimlich zurück, dann dreht
BRAY das Lenkrad.

> BRAY
> Halt dich besser fest!

DER STRANDBUGGY

rast vom Pfad herunter durch die Bäume,
vermeidet das Gebiet, in dem wir Bray
zuvor gesehen haben.

BRAY dreht das Lenkrad wieder, zurück auf
den Pfad.

Der Buggy trifft auf einen Aufstieg, hebt
leicht ab, fliegt durch die Luft, landet,
schlittert, rast weiter.

DIE VERFOLGER

tappen in die Falle, die Bray gebaut
hat, werden nicht ganz von den Seilen
und Reben, die straff zwischen den Bäumen
hängen, erwürgt, aber gestoppt.

Die WACHEN werden von ihren MOTORRÄDERN
geworfen, die unkontrolliert kippen,

sich drehen, drehend durch die Luft
fliegen. Benzintanks entzünden sich, als
sie landen.

Gigantische umherwehende FLAMMEN
erleuchten die Nacht und den Wald und
explodieren zu einem riesigen FEUERBALL.

AUßEN. GEPLÜNDERTE SHOPPINGMALL. NACHT.

Der Strandbuggy kommt zum Stehen. BRAY
und ZOOT springen raus, gehen auf den
Schachtdeckel der Kanalisation zu.

                    ZOOT
          Ich schulde dir was, Mann.
          So was von.

                    BRAY
                  (kalt)
          Du schuldest mir gar
          nichts. Nie.

                    ZOOT
          Nie kann nicht dein letztes
          Wort sein, Bray.

BRAY wirft ihm einen Blick zu.

                    ZOOT
          Ich weiß zu schätzen, dass
          du da warst. Und mit den
          Privileged gibt's jetzt
          Krieg. Für die Locos ist

                    ZOOT (weiter)
        das sicher, Ich ,schulde'
        auch Flame was, das sag ich
        dir. So ein Dreckskerl!

AM SICH ÖFFNENDEN SCHACHTDECKEL

AMBER und EDEN kommen zum Vorschein.
Steigen durch den Schacht. Sind überrascht
BRAY zu sehen. UND ZOOT. Und sie gehen
schnell auf sie zu.

                    BRAY
        Was habt ihr beide vor?

                    EDEN
        Wir wollten gerade auf eine
        Erkundungsmission gehen.
        Im Hauptquartier der Locos
        nach einer Spur von (an
        Zoot gewandt): dir suchen.

                    AMBER
        Und wir sollten die sein,
        die die Fragen stellen,
        Bray. Denn ich glaube, du
        wirst einiges erklären
        müssen!

Sie und EDEN folgen ZOOT und BRAY zum
Schachtdeckel.

                    AMBER
        Was ist passiert?

                    ZOOT
,Jemand' hat mich vor
,Liebe' fast aufgefressen.
Der wird jetzt die wahre
Bedeutung von Hass
kennenlernen!

Er tupft mit einem abgerissenen Stück
Stoff an der Wunde an seinem Nacken und
AMBER und EDEN tauschen verwirrte und
besorgte Blicke aus.

                    AMBER
Wovon redest du?

                    BRAY
Zoot hat etwas Hilfe
gebraucht -

                    AMBER
Er ist ein Loco -

                    BRAY
Lass es, Amber! Ich bin
nicht in der Stimmung für
einen deiner Vorträge -

                    AMBER
Was, du verschwindest,
tauchst dann plötzlich
wieder auf. Mit Zoot. Und
erwartest, dass niemand nach
einer Erklärung fragt?!

                    ZOOT
        Sag's ihr besser, Bray.

                    BRAY
        OK. Du willst eine
        Erklärung? Hier ist sie.

Sie halten an und EDEN und AMBER sind
baff von der Enthüllung.

                    BRAY
        Du redest immer vom besten
        Weg die Zukunft zu sichern.
        Aber dabei kommt es nicht
        nur auf irgendwelche
        Differenzen zwischen Tribes
        an, Amber. Es geht darum den
        ersten Schritt in Richtung
        einer ECHTEN Zukunft zu
        machen. Indem ein Vater …
        seinen Sohn kennenlernt.

INNEN. GEPLÜNDERTE SHOPPINGMALL. NACHT.

Wir befinden uns in der Essenshalle, die
von Kerzen beleuchtet wird. Alle RATS
(außer die Jüngeren) sehen zu, wie ZOOT
stolz und sanft seinen kleinen SOHN wiegt.

                    ZOOT
        Hast schon einen Namen?

                    LEX
                  (eisig)
        Wie wär's mit Zoot Junior?

                   AMBER
        Fang nicht so an, Lex.

                   TRUDY
        Nein, ich habe mir noch
        keinen Namen für ihn
        ausgedacht.

                    ZOOT
        Eines Tages wächst du
        vielleicht zu einem
        mächtigen Krieger heran,
        oder? Zoot ist vielleicht
        ein guter Name für dich.

LEX wirft ihm einen Blick zu. Das war
nicht als Vorschlag gemeint, sondern als
Beleidigung.

                   AMBER
        Warum hast du nichts
        gesagt, Trudy? Ich hatte
        keine Ahnung, dass ihr
        zusammen wart.

                   TRUDY
        Waren wir nicht. Nicht
        lange, Und ich hab mich
        nicht wirklich gut dabei

TRUDY (weiter)
gefühlt allen möglichen
Leuten zu erzählen, dass
ich vom Anführer der Locos
sitzen gelassen wurde. Auch
wenn es wahrscheinlich
wirklich das Beste war es
hinter mir zu lassen.

ZOOT gibt das BABY wieder an TRUDY zurück.

ZOOT
Bist du OK? (Sie nickt.)
Eine Mall Rat also, was?

LEX
Nein …

Er seufzt und verfolgt es nicht weiter,
als AMBER ihm einen Blick zuwirft. Dann
sieht sie BRAY an.

AMBER
Du hast das offensichtlich
gewusst. Alles. Warum hast
DU nichts gesagt?

BRAY
Es geht niemanden etwas an.

AMBER
Nein. Aber in diesem Fall
ist es ein bisschen was
anderes. Und ich finde, du

AMBER (weiter)
hättest es sagen SOLLEN. Du
auch, Trudy.

BRAY
Nicht alles im Leben kann
immer so schwarz und weiß
sein, wie du es darstellen
willst, Amber –

AMBER
Ich … wir haben dir
vertraut –

BRAY
Und als Anführerin dieses
Tribes würdest du dir –
und allen anderen – einen
großen gefallen tun, wenn
du dich daran erinnern
würdest.

AMBER
Ich werde hier nicht sitzen
und mich von dir belehren
lassen!

LEX
Nein, mach ruhig, Bray –

AMBER
Jetzt verteidigst du ihn?!
Nur weil er dir aus einer

        AMBER (weiter)
Prügelei geholfen hat,
ist er jetzt dein ‚bester
Kumpel'? Das ist armselig,
Lex. So viel zum Thema sein
Fähnchen nach dem Wind
drehen. DAS ist schwarz und
weiß!

        BRAY
Ich finde nur, dass du
offenbleiben musst, Amber.
Sonst kann es manchmal
etwas viel sein.

        AMBER
Und du kannst dir die
Beleidigungen sparen!

        BRAY
Ich versuche nur, dir vor
Augen zu führen, dass es
Komplikationen im Leben
GIBT, Amber. Die sind
vielleicht nie einfach zu
erklären, geschweige denn
zu verstehen …, aber man
muss einfach akzeptieren,
dass es sie trotzdem gibt!!

        LEX
Sehe ich auch so! Guter
Punkt.

                    AMBER
    Oh, hör auf, Lex!

                    EDEN
    Ich glaube, wir sollten
    alle versuchen uns zu
    beruhigen. Es bringt kein
    gutes Karma über all das zu
    streiten.

                    ZOOT
    Ich sollte euch besser
    allein lassen und gehen.

Er streichelt dem BABY die Wange und
sieht dann TRUDY an.

                    ZOOT
    Meld dich mal, Babe. Ich
    würde gerne immer wissen,
    wie es euch beiden geht.

                    LEX
    Warte eine Sekunde. Du
    glaubst doch nicht etwa,
    dass du - gehen kannst?

                    ZOOT
    Ich hatte nicht vor zu
    bleiben!

                    LEX
    Oh, du bleibst!

                    AMBER
Was?!

                    LEX
Aber nicht um ‚Daddy' für
diese halbe Brut zu spielen
—

                    TRUDY
Nenn mein Baby nicht so!

                    LEX
Das ist es! Und was hast
du vor, Zoot, … es zum
‚Angeln' mitzunehmen, oder
ihm alles über Power und
Chaos beizubringen, wie man
noch mehr Kriegsverbrechen
begeht?

ZOOT geht nach vorne, fordert LEX heraus.

                    BRAY
Das reicht! Hört auf! Alle
beide!!!

                    AMBER
Ich bin auch nicht wirklich
ein ‚Fan' von den Locos
— aber Zoot hat sich
wohl kaum irgendwelcher
Kriegsverbrechen schuldig
gemacht —

LEX
Naja, das müssen
Geschworene entscheiden.
Bray hat recht. Du sitzt
immer auf deinem hohen Ross
bei so Zeug. Wie mit einem
Rechtssystem. Jetzt können
wir es testen.

AMBER
ALLE Tribes müssten darüber
entscheiden, ob sich ZOOT
irgendwie schuldig gemacht
hat, Lex. Nicht nur die
Mall Rats -

LEX
Von meinen Begegnungen mit
den Locos - habe ich alle
Beweise, die ich brauche.
Und ich sage - sperren wir
ihn weg!

Er packt ZOOT.

ZOOT
Hände weg!

Er schlägt LEX mit der Faust in den Magen,
wodurch dieser zu Boden geschleudert
wird. Dann steht LEX auf, und geht direkt
auf ZOOT zu.

BRAY
Das reicht, Leute!

LEX
Nein! Wenn er zeigen will,
wie hart er wirklich ist,
wenn er nicht von all seinen
Loco-Kriegern umgeben ist,
soll er's tun!

Er springt ZOOT entgegen, und sie kämpfen
einen heftigen Kampf, der

AUF DEN BALKON DER ESSENSHALLE

übergeht. Die RATS folgen, während
LEX und ZOOT wütende, brutale Schläge
austauschen.

BRAY geht dazwischen, versucht sie zu
trennen, reißt ZOOT weg und schubst dann
LEX weg, der auf den Boden stolpert.

ZOOT springt, um wieder zuzuschlagen.
LEX steht auf und inmitten eines
langanhaltenden Schreis – Neiiiiiiin –

wird ZOOT

durch die Schwungkraft über den
Balkon geschleudert, landet mit einem
abscheulichen AUFPRALL … und bleibt
regungslos einige Stockwerke tiefer auf
dem Platz liegen.

UNTEN AUF DEM PLATZ

Die RATS rasen die Rolltreppe herunter und gehen zu ZOOT. Schweigen bricht herein. JACK fühlt nach einem Puls und schüttelt dann den Kopf.

                    JACK
        Er ist tot!

BRAY kniet sich zu ZOOTS Leiche, während die anderen RATS unbehagliche Blicke austauschen und ihnen die unheilvolle Erkenntnis bewusst wird.

                    JACK
        Mann, auf dich wird jetzt
        ein riesiges Kopfgeld
        ausgesetzt werden, Lex.

                    SALENE
        Es war Notwehr.

                    AMBER
        Ich hoffe, die Locos
        verstehen das.

                    LEX
        Hey, könnt ihr euch den Ruf
        auf der Straße vorstellen?
        Das wird super … ich … der
        Typ, der Zoot ausgeschaltet
        hat!

                    AMBER
          Das ist nichts, worauf man
          ‚stolz‘ sein sollte, Lex.
          Und die Rats … wir sind
          alle angreifbar -

DAL deutet auf BRAY, der kauert, aufgelöst
ist und anfängt leise zu schluchzen,
während er ZOOTS Gesicht sanft in den
Händen hält und ihn an seine Brust zieht.

                    DAL
          Was hat das alles zu
          bedeuten?

Er tauscht perplexe Blicke mit AMBER und
allen anderen RATS aus.

Dann seufzt TRUDY, in ihren Augen liegt
ein Ausdruck tiefer Trauer und sie füllen
sich mit Tränen, obwohl sie sich sehr viel
Würde bewahrt, kann sie ihre Emotionen
kaum kontrollieren.

                    TRUDY
          Zoot ist nicht nur der
          Vater meines Kindes … Er
          ist auch der entfremdete
          Bruder von Bray. In der
          alten Welt kannte man ihn …
          als Martin.

INNEN. BRAYS RÄUMLICHKEITEN. SHOPPINGMALL.
TAG.

AMBER betritt das Möbelgeschäft. Sie hat
schwarze Federn im Haar, ihr Make-up und
ihr Lippenstift sind ebenfalls schwarz.

> AMBER
> Wir sind alle so weit,
> Bray. Wenn du es bist?

BRAY nickt. Er sitzt auf einem Bett und
steckt die letzten schwarzen Federn in
einen Mantel. Weitere schwarze Federn
sind in seine Haare eingeflochten. Außerdem
hat er sich schwarze Kriegsbemalung übers
Gesicht geschmiert.

Und er sieht glänzend aus, als er aufsteht
und sich den beeindruckenden Mantel um
die Schultern wirft.

AUßEN. VORORTE. TAG.

Alle RATS sind dabei, als der Trauerzug
sich SCHWEIGEND seinen Weg durch die
verlassenen geisterhaften Straßen der
Vororte bahnt.

Wie AMBER und BRAY sind alle RATS mit
schwarzem Make-up, schwarzem Lippenstift
und schwarzen Federn geschmückt.

BRAY führt den Zug an, läuft vor dem
Strandbuggy - der nun ein behelfsmäßiges

Leichenfahrzeug ist.

Auf dem ZOOTS Leiche liegt, nicht in einem Sarg, sondern in einem Bett aus Federn, die Augen geschlossen, die Arme verschränkt.

TRUDY folgt BRAY vor dem Leichenfahrzeug, mit dem BABY im Arm, und alle anderen RATS bleiben an der Seite oder dahinter.

INNEN. HAUS. VORSTADT. TAG.

Zwei verwildert, schmutzig aussehende, wühlende STREUNER linsen verstohlen, ängstlich und besorgt aus den Fenstern eines geplünderten und verfallenden Hauses heraus, sind fasziniert -

von dem TRAUERZUG der vorbeizieht.

AUßEN. STRAND. TAG.

ZOOT wird in ein Beerdigungsboot gelegt, ein kleines Ruderboot aus Holz.

Die Geräusche des sanften Windes, die Wellen, die ans Ufer schwappen und das plötzliche helle Licht der Fackel, um die Stoff gebunden ist und die angezündet wird, scheinen die urtümliche Atmosphäre zu unterstreichen.

Die RATS beobachten BRAY, der die Fackel hält, auf ZOOTS Leiche schaut.

BRAY

Ich weiß, was ihr alle von
Zoot haltet. Ich bin mit so
gut wie nichts einig, was
er und die Locos tun. Aber
in der alten Welt, das kann
ich euch sagen, standen
Martin und ich uns so nah,
wie Brüder es nur können.
Zwei Brüder. Die zwei
Krieger geworden sind. Und
einen anderen Weg gewählt
haben. Vielleicht sind wir
irgendwann einfach … vom Weg
ABGEKOMMEN. Wie anscheinend
so viele heutzutage. Aber
während wir Martin auf seine
letzte Reise schicken, ehre
ich dabei die, die vor uns
gegangen sind. Bevor die
Dunkelheit hereingebrochen
ist. Seine Eltern – meine
Eltern. Unsere Mutter … Und
unseren Vater …

Seine Stimme wird brüchig vor lauter
Emotionen, was alle RATS berührt, sogar
LEX.

BRAY

In dieser Welt … würde Zoot
wollen, dass man ihn als
Krieger ehrt und sich so an
ihn erinnert. Und das war

             BRAY (weiter)
        er ganz bestimmt. Auch wenn
        man allem widersprochen
        hat, für was er gestanden
        haben mag. Also bitte ich
        euch heute, dass ihr bei
        mir seid, während er den
        letzten Schritt auf seiner
        Reise macht und eine neue
        antritt … und hofft, dass
        er dabei Frieden findet …

BRAY zündet das Boot an, das brennt,

Alle RATS sehen zu, während das Boot
in Flammen aufgeht und sich auf die
entfernte Sonne zubewegt, die über
dem dunkelwerdenden, stürmischen
Meereshorizont untergeht.

AUßEN. STADTPLATZ. NACHT.

Das ohrenbetäubende Krachen eines Donners,
Blitze streifen über den Nachthimmel.

Der fanatische GUARDIAN spricht die
versammelten LOCOS an, zum Wahn
angepeitscht, brüllend, während mehr
Blitze umherzucken.

             GUARDIAN
        Es ist ein Zeichen! Vom
        Großartigen! Mächtigen Zoot!
        Und er WIRD gerächt!!!

INNEN. GEPLÜNDERTE SHOPPINGMALL. NACHT.

BRAY ist ruhelos, kann nicht schlafen. Plötzlich öffnet er die Augen, ist sich einer Präsenz bewusst.

Und durch die Dunkelheit hindurch zeigen wir - eine Robe, die zu Boden fällt.

Dann kann man den wunderschönen nackten Körper von EDEN sehen, die ins Bett kriecht.

> BRAY
> Eden … was machst du da?

> EDEN
> Ich will dich etwas trösten.

> BRAY
> Hör mal, es ist nicht
> so, dass ich dich nicht
> attraktiv finde. Denn das
> bist du.

> EDEN
> Dann halt mich. Ganz fest.

Sie küsst ihn, aber er schiebt sie sanft von sich weg.

BRAY
Eden, ich weiß den Gedanken
dahinter zu schätzen. Aber,
nein …

EDEN
Dann gebe ich dir
stattdessen einen Rat. Die
Schicksale von dir, mir,
Zoot, den Rats, von allen
Tribes hängen zusammen.
Alles passiert aus einem
Grund. Letzten Endes.

BRAY
Irgendwie glaube ich, dass
alles, was passiert ist, auf
mehr als nur das Schicksal
zurückzuführen ist, Eden.

EDEN
Nein. Und niemand kann
den Lauf des Schicksals
ändern. Also versuche es
erst gar nicht. Es ist wie
mit deinem Bruder …, man
wird nie seinen Horizont
erweitern, ohne den Mut zu
haben, das Ufer aus den
Augen zu verlieren. Lerne
dich treiben zu lassen,
Bray.

LEX kommt.

LEX
Also hier bist du, Eden.
Hab ich mir gedacht.

EDEN
Was ist los? ist Salene
endlich zur Vernunft
gekommen?

LEX
Ich wollte nur nach Bray
sehen. Ob du okay bist.
Aber wenn du beschäftigt
bist —

BRAY
Nein. Eden wollte gerade
gehen.

LEX
Hey, kein Problem. Ich
bin cool damit. Könnte
eine gute Einführung sein.
Wünschte, ich hätte die
gehabt, als ich dem Tribe
beigetreten bin.

BRAY
Ich habe nicht gesagt, dass
ich dem Tribe beitrete,
Lex.

LEX
Na, dann denk drüber nach.
Denn ich habe es. Und ich
schätze, du könntest eine
Menge zu bieten haben.

EDEN
Dem würde ich zustimmen.

Sie schlüpft aus dem Bett und zieht ihre
Robe an.

EDEN
Wenn du es dir anders
überlegst, Bray, weißt du,
wo du mich findest.

LEX
In meinem Bett?

EDEN
Ich gehöre nicht einfach
irgendeinem Mann, Lex. Oder
überhaupt irgendwem. Nur
mir selbst.

Und sie geht. LEX sieht BRAY an und es
fällt ihm nicht leicht das zu sagen, aber
er tut es.

LEX
Wegen Zoot. Ich … wollte
nicht, dass es so ausgeht.

                    BRAY
       Das weiß ich, Lex.

                    LEX
       Was du auf seiner Beerdigung
       gesagt hast …, das … naja,
       es hat mich irgendwie
       berührt, wenn du es genau
       wissen musst…, und ich
       wollte nur, dass DU weißt,
       dass ich dich total falsch
       eingeschätzt hab. Und das
       tut mir leid. Respekt,
       Mann.

                    BRAY
       Das kann ich zurückgeben,
       Lex. Danke.

Sie klatschen sich ab, was in ein festes
Händeschütteln übergeht.

AUßEN.   FERIENANLAGE   DER   PRIVILEGED.
NACHT.

WACHEN gehen zur Seite, öffnen eine
Schranke, als ein REITER auf einem Pferd
in die Ferienanlage galoppiert.

Der REITER steigt ab, geht schnell zum
Hauptgelände.

INNEN. FLAMES PRIVATRÄUME. FERIENANLAGE DER PRIVILEGED. NACHT.

DIE ANDROGYNEN DIENER waschen FLAMES Hände, färben seine Nägel. HARMONY kommt rein.

> HARMONY
> Ein Bote ist gerade mit Neuigkeiten von einem Informanten, der sich in Sektor 9 befindet, angekommen.

> FLAME
> Verlässlich?

> HARMONY
> Falsche Zeit, Richtiger Ort. Und er wollte nicht sterben, ich würde sagen, sie waren ziemlich verlässlich.

> FLAME
> Was für eine Situation haben wir?

> HARMONY
> Anscheinend wurde Zoot umgebracht. Von den Mall Rats. Du weißt doch, was das bedeutet?

                    FLAME
   Krieg?

                    HARMONY
   Darauf kannst du wetten!
   Es könnte der richtige
   Zeitpunkt für die
   Privileged sein, Pläne für
   einen Zug zu machen. Und
   zuzuschlagen.

                    FLAME
   Tu es!

AUßEN. DACH DER MALL. NACHT.

AMBER schaut auf den Nachthimmel hinaus,
die Vorstadt, der dunkle Umriss der Stadt
ist dahinter in der Ferne zu sehen.

Ein KLOPFEN, dann kommt BRAY.

                    BRAY
      Konntest auch nicht
      schlafen, was?

                    AMBER
      Hoffentlich nicht. Ich steh
      auf dem Plan. Wachdienst.

Sie lächelt und BRAY kommt nicht umhin
ebenfalls zu lächeln.

                    BRAY
Ich kann übernehmen, wenn
du willst. Es gibt keinen
Grund, warum wir beide um
den Schlaf kommen sollten.

                    AMBER
Nein, alles gut. Aber danke
(eine Pause). Ich liebe es,
hier raufzukommen. Nachts.
Über alle Sektoren zu
schauen. Es hilft mir daran
zu denken, was mal war, wie
es jetzt ist, wie es sein
könnte.

                    BRAY
Es ist echt friedlich.

                    AMBER
Aber für wie lange? Wir
müssen versuchen ein
Treffen mit dem Guardian zu
arrangieren. Erklären, was
passiert ist.

BRAY nickt und es folgt eine unangenehme
Stille, beide schauen in die Nacht hinaus.
Dann sprechen sie gleichzeitig.

                    BRAY
Hör zu, Amber, ich hab
nachgedacht -

AMBER
Bray, Ich will nur sagen -

BRAY
Du zuerst.

AMBER
Das mit deinem Bruder tut
mir leid. Und auch, dass
ich dir Vorwürfe gemacht
habe.

BRAY
Ich bin der, der sich
entschuldigen sollte.

AMBER
Nein. Du hast recht.
Ich muss versuchen
offenzubleiben. Wenn ich
eine Chance habe eine neue
Charta einzuführen. Ein
Grundgesetz. Sonst verändern
die Rats vielleicht nie
etwas.

BRAY
Niemand sollte sich je
dafür entschuldigen, das zu
versuchen, Amber.

AMBER
Und dafür die Hoffnung

                AMBER (weiter)
        zu verlieren? Diese neue
        verrückte Welt, in der
        wir alle leben, scheint
        manchmal so außer Kontrolle
        zu sein.

                BRAY
        Verliere nicht die Hoffnung.
        Du solltest stolz sein. Du
        machst einen großartigen
        Job. Ich hoffe nur …, dass
        du DICH nicht veränderst.

AMBER sieht BRAY an, und sie tauschen
lange Blicke aus. Dann zieht er sie näher
an sich ran, und sie küssen sich, erst
sanft, dann mit zunehmender Leidenschaft.

AUßEN. STRAßEN DER STADT. TAG.

Reihen von LOCOS kreischen wild, ihre
Gesichter sind mit Kriegsbemalung
beschmiert, manche schlagen auf Trommeln.

Und wir finden BRAY, AMBER, EDEN und
SALENE in einer Delegation der RATS, die
mit einer weißen Friedensfahne auf den
Stadtplatz geht.

AUßEN. STADTPLATZ. TAG.

Der GUARDIAN ist kalt, als die RAT-
DELEGATION ankommt.

GUARDIAN
Ihr müsst alle sehr mutig
sein. Oder sehr dumm, dass
ihr im Sektor der Locos
aufkreuzt, vor allem, nach
dem, was passiert ist.

AMBER
Wir MUSSTEN kommen,
Guardian. Nicht nur für die
Rats, sondern auch für die
Locos, für alle Tribes.

BRAY
Was immer ihr gehört haben
mögt, Lex und die Mall
Rats sind unschuldig. Es
stimmt, dass es einen Kampf
gegeben hat …, aber Lex
hätte genauso gut der sein
können, der gestorben ist
…, es war ein Unfall.

EDEN
Und falls ihr es nicht
wusstet …, Bray ist der
Bruder von Zoot. Er hat
verziehen. Und das solltet
ihr auch.

AMBER
Die Privileged sind die
wahre Gefahr, Guardian. Und

AMBER (weiter)
sie werden von jedem Konflikt
zwischen den Locos und den
Rats nur profitieren.

GUARDIAN
Der Bruder von Zoot?

AMBER
Brüder im wörtlichen Sinne.
Und du weißt, was Zoot
tun würde. Er würde den
Privileged nie die Chance
geben zu teilen und zu
herrschen. Denn das würde
nur zu einem Ergebnis
führen: Zur Versklavung und
Unterdrückung ALLER Tribes.
Einschließlich der Locos.

BRAY
Wir müssen uns auf einen
Kampf vorbereiten, Guardian,
und wir müssen wissen. ob
wir die Locos auf unserer
Seite sehen können.

Der GUARDIAN nickt.

INNEN.   ESSENSHALLE.   GEPLÜNDERTE
SHOPPINGMALL. TAG.

Alle unsere regulären älteren RATS gehen
eine Strategie durch, als JACK AMBER ein

Blatt Papier gibt.

> ### JACK
> Wir haben eine Liste von der ganzen Logistik gemacht, die wir durchsprechen müssen. Hinter den Fronten. Schließlich – wird eine Armee ohne Essen, Wasser, Vorräte nicht sehr weit kommen. Wir brauchen auch eine Medizinereinheit … Ich glaub nicht, dass wir was vergessen haben.

> ### AMBER
> Nein. Das ist alles sehr beeindruckend. Gut gemacht.

> ### JACK
> Das sollte es auch. Ich war auf der Bestenliste bei War Lord.

> ### BRAY
> Leute, ich war auch mal ein begeisterter Gamer. Früher. Aber ihr müsst verstehen, dass ein Erfolg in diesem Konflikt nicht das Gleiche ist, wie in der alten Welt die Bestenlisten anzuführen. Wir leben jetzt in einer anderen Welt –

> BRAY (weiter)
> und werden das Ganze bald
> wirklich erleben, ,live' –
> nicht in einem Online-Game
> mit virtueller Realität.

Die Vorstellung Ist ebenso faszinierend wie beängstigend für JACK, DAL und ihr Team aus GEEKS.

> BRAY
> Wir SOLLTEN uns aber
> an die Philosophie des
> Bushidō halten. Aber von
> ganz früher. An den Weg
> des Kriegers. Aktion. Und
> Reaktion.

LEX verschiebt Gewürze, um seinen Schlachtplan zu skizzieren.

> LEX
> Ich dachte an eine Reihe
> vom Tribe Circus hier
> ... unterstützt von den
> Locos und dann kriegen
> wir vielleicht eine
> Zangenbewegung hin …

> AMBER
> Was denkst du, Bray?

> BRAY
> Sehe ich genauso. Ziehen

                    BRAY (weiter)
wir sie rein. Dann können
wir die Mitte kontrollieren
und uns von jeder Seite aus
nähern. Aber wir MÜSSEN
ganz nach oben kommen. Zu
denen, die die Befehle
geben. Schnell zu ihnen
vordringen. Falls und wenn
wir sie ausschalten können.
Aktion. Reaktion. Bei ihnen
wird die Schlacht gewonnen
werden. Oder verloren.

                    AMBER
Wir brauchen dringend einen
Ruf zu den Waffen. Besser
wir lassen es alle Tribes
wissen. In allen Sektoren!

AUßEN. ANDERER SEKTOR. TAG.

Ein riesiges Lagerfeuer wird von einem
MITGLIED eines Tribes auf dem Gipfel eines
Hügels gemacht, als die Sonne untergeht.

AUßEN. WIEDER EIN ANDERER SEKTOR. NACHT.

Andere TRIBES beobachten die Feuer
in weiter Ferne und machen dann ihre
eigenen Lagerfeuer, um die Nachricht
weiterzuleiten, die gigantischen Flammen
ragen hoch in den dunklen Himmel.

INNEN. TRUDYS RÄUMLICHKEITEN. GEPLÜNDERTE
SHOPPINGMALL. NACHT.

Das BABY schläft tief und fest in seiner
Krippe.

BRAY kommt in Kriegermontur aus Federn
herein. Sein Gesicht ist mit Farbe
verschmiert. Er sieht nach dem BABY.
Dann macht er den Reisverschluss seiner
Manteltasche auf, holt ein altes Foto von
sich mit seinem Bruder und ihren Eltern
heraus, das in glücklicheren Zeiten in
der alten Welt gemacht wurde.

Er fährt mit einem Finger über das Foto,
lächelt leicht, traurig in Gedanken an
die Erinnerungen. Dann platziert er das
Foto neben dem BABY in der Krippe.

Und er küsst einen Finger, den er dem
BABY sanft auf die Wange legt.

AUF DEM HAUPTPLATZ

MOUSE und SAMMY kämpfen als Rollenspiel,
als BRAY zur Essenshalle geht. MOUSE
möchte BRAY unbedingt stolz ihre Züge
zeigen.

                    MOUSE
        Hey, Bray. Ich und Sammy
        haben trainiert – Guck!

BRAY kann nicht anders als zu lächeln, als

sich die winzige MOUSE von SAMMY wegdreht
und BRAY angreift, wild nach ihm schlägt.
Und er legt ihr eine Hand auf den Kopf,
um sie zurückzuhalten.

> BRAY
> Vorsicht. Jemand könnte
> verletzt werden.

> MOUSE
> Ja! Zum Beispiel die
> Privileged. Und wenn ich
> größer bin – werden die
> sehen, was ich WIRKLICH
> draufhab.

BRAY geht in die Hocke, um mit ihr auf
Augenhöhe zu sein.

> BRAY
> Nein, Mouse. Bei dem
> Ganzen geht es darum zu
> versuchen sicherzustellen,
> dass du und Sammy und ALLE
> anderen Jüngeren, NIE sowas
> durchmachen müsst, wenn ihr
> älter seid.

> MOUSE
> (enttäuscht)
> Oh! ... Du meinst, wir
> können nie in den Krieg
> ziehen?

> BRAY
> Nicht wenn die Mall Rats
> oder ich es verhindern
> können. Also, während alle
> anderen weg sind – müssen
> du und Sammy dabei helfen
> auf Trudy und das Baby
> aufzupassen. Könnt ihr das
> für mich tun?

> MOUSE
> OK. Wir sind jetzt alle
> wie eine große Familie,
> stimmt's?

> BRAY
> Stimmt. Und wenn mir – oder
> jemand anderem – irgendetwas
> passiert, dann denk immer
> daran. Wir sind alles, was
> wir haben. Und wir müssen
> aufeinander aufpassen.

IN DER ESSENSHALLE

Der Abend vor der Schlacht. Lange
Schlangen von KRIEGERN. LEX, JACK, DAL,
SALENE und TRUDY händigen eine Ansammlung
von Waffen an die MILIZEN der RATS und
der LOCOS aus. ALLE RATS sind voll im
Kriegermodus und in Kriegermontur.

BRAY kommt an einen Tisch in der Nähe, an
dem EDEN und AMBER Flaggen und Banner an

lange Stöcke binden.

                    BRAY
          Bereit?

                    AMBER
          So ungefähr.

                    EDEN
          Ich wünschte nur, wir
          könnten es verschieben
          … wenn auch nur um 24
          Stunden. Meine Chakren sind
          aus dem Gleichgewicht.

                    AMBER
          Ich habe zwar nie etwas,
          was du über das sagst, was
          du ‚fühlst', von der Hand
          gewiesen, Eden. Aber das ist
          nicht unsere Entscheidung.

                    EDEN
          Ich weiß nicht, was es ist
          …, aber etwas sagt mir …

                    BRAY
          Alle Tribes sind
          mobilisiert. Und du kannst
          sicher sein, dass sich die
          Privileged auch versammeln.

AMBER
Wir haben keine Wahl, Eden,
wenn wir gehen – dann muss
es jetzt sein.

AUßEN. HÜGEL. TAG.

Ein STAMMESKRIEGER wird von der aufgehenden
Morgensonne hoch oben auf einem Hügel
eingerahmt. Er bläst in ein großes HORN.
Ein Ruf zu den Waffen.

AUßEN. KAMERASCHWENK ÜBER DIE GIPFEL
ANDERER HÜGEL. TAG.

Auf Kriegstrommeln schlagend und mit
Standardflaggen und -bannern, die im
Wind flattern, erscheinen TRIBES über dem
Bergrücken, marschieren zur Schlacht.
Sie tragen Spieße mit Federn und
selbstgemachte Schilde.

AUßEN. MEER. TAG.

KRIEGER in langen Einbaum-Kanus dekoriert
mit einschüchternden Kriegssymbolen sind
auch unterwegs, skandieren wahnhaft,
paddeln im Gleichtakt.

AUßEN. WÄLDER. TAG.

Ein anderer TRIBE marschiert durch Wälder,
manche Mitglieder reiten auf Pferden, die
Gesichter der Tiere sind ebenfalls mit
aggressiver Kriegsbemalung beschmiert.

AUßEN. EBENEN. TAG.

Die sich versammelnden HELDENTRUPPEN
marschieren, kommen über die offenen
Felder, Ebenen zusammen – in weiter Ferne
kann man die Kiefernwälder und Berge der
Gebiete der Privileged sehen.

Und es ist ein atemberaubendes Bild, eine
Mischung aus verschiedenen Kulturen,
Farben und Designs.

Es erinnert überhaupt nicht an moderne
Kriegsführung.

Im Grunde sieht das Ganze MEHR wie die
Clans bei der Schlacht bei Cullodon aus.
Aber sogar das ist ein oberflächlicher
Vergleich. Das kommt uns alles so
merkwürdig bekannt vor und sieht dennoch
wie etwas aus, was wir noch NIE zuvor
gesehen haben.

Die meisten der TRIBES marschieren zu
Fuß. Aber manche reiten auf Pferden,
manche haben sogar wild aussehende Hunde
dabei, die knurren und an den schweren
Ketten ziehen, die als Leinen verwendet
werden.

KRIEGER (nur ein paar davon) sind
in mit Graffitis gekennzeichneten
Fahrzeugen, Trucks, die Hauben sind
mit furchterregenden Bildern bemalt,
finstere Gesichter, wilde Augen, Kiefer

mit scharfen Zähnen, alle modifiziert, wie Streitwagen mit hervorstechenden Klingen.

Und manche sitzen sogar auf motorisierten Rasenmähern, gekennzeichneten Traktoren, mit Kriegsbemalung beschmiert, lange Stocklanzen stechen hervor.

Andere KRIEGER fahren Geländemotorräder und es gibt einen Reisebus – und zwischen den ganzen Zeichen nehmen wir ein surreales rotes Kreuz darauf wahr. Er ist der Krankenbus der Tribes.

Alles Mögliche und Unmögliche wurde aus der Gesellschaft ergattert und fast alles schon mal benutzt oder getragen – Rüstungen aus Blech, verdrehte Drähte als Haarverlängerungen stehen aus Schweißmasken, Hockeyhelmen hervor.

Manche wurden von dem Urtümlichen inspiriert, was ihre Federn und Kriegsbemalung angeht, sehen wie eine Mischung aus Apachen und Zulu aus. Andere tragen Tierhäute und Hörner, sehen fast mehr wie eine Mischung aus Wikingern, Barbaren und wilden Motorradgangs aus.

Und wir haben schon die ECOS und die DEMON DOGS gesehen, die sich nun den Reihen der sich versammelnden HELDENTRUPPEN anschließen.

Aber es sind auch die Geräusche, die so deutlich wahrnehmbar sind, stürmische Schlagtrommeln und Pfeifen, die das Gemisch fanatischer Gesänge und Rufe aller TRIBES begleiten.

WIR SEHEN AMBER, BRAY UND DIE MALL RATS.

Sie führen die versammelte ARMEE, die sich hinter ihnen als geschlossene Front bildet, an. Und sind direkt vor den LOCOS, die dem GUARDIAN in ZOOTS POLIZEIWAGEN folgen. Das einzige Fahrzeug der Mall Rats ist der Strandbuggy von EDEN, auf dessen Haube sie sitzt. Ein anderer KRIEGER fährt ihn.

Die RATS sehen fantastisch aus. Die Gesichter mit Kriegsbemalung beschmiert, Federn schmücken ihre grungeartigen Klamotten und ihre Haare, Banner und Fahnen flattern im Wind, harte Gesichter, entschlossen, stolz.

Nun kann man plötzlich den schwachen Klang einer entfernten Gitarre unter all dem Lärm aus Gesängen und Rufen, Pfeifen und Schlagtrommeln heraushören.

Was besonders SALENE, DAL und JACK etwas Unwohlsein bereitet. Sie schlucken in nervöser Erwartung.

AUßEN. KIEFERNWALD. BERGE. TAG.

FLAME ist in den Bergen, aber diesmal nicht ganz oben auf dem Gipfel.

Er macht Headbanging, vor und zurück, vor und zurück, spielt einen sich wiederholenden heulenden Ton, der überall widerhallt, die Geräusche sind fast ohrenbetäubend inmitten der pfeifenden Rückkopplung. Seine langen blonden Haare wehen im Wind, rahmen die schrecklich aussehende Seite seines Gesichts ein, die vollständig mit Blut bedeckt ist.

AUßEN. ÄUßERE GRENZEN DER ANLAGE DER PRIVILEGED. TAG.

HARMONY auf einem weißen Hengst. Das Pferd hat den gleichen Blitz um das Auge gemalt, der auch auf ihr Gesicht tätowiert ist, und hat sogar genau die gleichen Federn wie sie in die geflochtene Mähne eingeflochten.

Sie trabt langsam die PRIVILEGED-FRONT hinunter, während man sich dort bereit dazu macht weiter- und in die Schlacht zu ziehen, wobei man die DISCARDS, die immer noch gefesselt und in Ketten sind, weit vor sich aufgestellt hat.

Und die PRIVILEGED-TRUPPEN sehen sehr einschüchternd, respekteinflößend, bedrohlich aus. vor allem die von der

Miliz mit ihren tätowierten Gesichtern. Alle sind mit Kriegsbemalung beschmiert, Hörner, Tierhäute, Schalen tragend. So wirken sie, als hätte man sie aus der Hölle heraufbeschworen.

FLAME kann man auf dem Bergrücken sehen. Die Sonnenstrahlen rahmen ihn wie einen Gott ein, das wiederholende Heulen seiner Gitarre peitscht alle zum Wahn an. Und manche machen sogar auch Headbanging, als ob sie sich in einer persönlichen Träumerei, einer manischen Trance verloren hätten.

Und wir können hören, wie das entfernte Singen und Rufen, die Pfeifen und das Schlagen der Trommeln, lauter … LAUTER werden –

während die Stammesarmeen näher … NÄHER kommen.

HARMONY zügelt ihr Pferd, brüllt über all das hinweg, als sie zu den PRIVILEGED-TRUPPEN spricht.

> HARMONY
> Denkt dran, die Discards werden uns als menschliche Schutzschilde dienen. Sie werden zuerst fallen. Ich werde den Angriff leiten. Und ich werde auf keinen Fall untergehen!

Das Grölen der PRIVILEGED-TRUPPEN
entwickelt sich zu einem manischen
Kreischen, während HARMONY sie zum Wahn
anpeitscht.

> HARMONY
> Seht euch den Gott Flame
> an. Sein Gesicht ist mit
> Blut geschmückt. Dem Blut
> von sämtlichen verseuchten
> Ratten, die wir finden
> konnten. Das soll euch
> daran erinnern, dass eine
> Niederlage gegen die
> Truppen der Mall Rats nicht
> in Frage kommt, wenn wir
> das Land von den Unreinen
> befreien wollen.

Die PRIVILEGED-TRUPPEN schauen hinauf zu
FLAME, der auf dem Bergrücken Headbanging
macht, und sogar noch mehr von ihnen
fangen an selbst Headbanging zu machen.

> HARMONY
> Also sammelt euch,
> meine Stammesbrüder und
> -schwestern. Sucht Mut.
> Und, wenn es sein muss,
> gebt eure Leben für unser
> Vorhaben. Und dann werden
> Generationen auf diesen
> Tag unter allen Tagen
> zurückblicken und wissen,

                    HARMONY (weiter)
          dass so alles begonnen
          hat, als die Vorfahren der
          Reinen angefangen haben,
          die Welt zu erobern und sie
          von sämtlichen Mall Rats
          und ihrem abscheulichen
          Ungeziefer-Gefolge befreit
          haben!

Alle brechen sogar noch mehr in wahnhaftes
KREISCHEN, GEJOHLE aus und treten den
Marsch in die Schlacht an.

AUßEN. SCHLACHTFELDER. TAG.

Das Schlagen der Trommeln, die Pfeifen,
die heulende Gitarre, das Singen und
Rufen, die zwei ARMEEN kommen näher – die
Lücke schließt sich.

Und nun fangen die Nerven an auch für
andere Mitglieder der RATS eine Rolle zu
spielen. Neben DAL, JACK und SALENE zeigen
sogar LEX, AMBER und BRAY zunehmendes
Unwohlsein.

Aber EDEN beruhigt sich selbst auf der
Haube des Strandbuggys, indem sie einen
Lotossitz einnimmt – ihr Mantra von sich
gibt.

WIR SEHEN BRAY,

als beide ARMEEN plötzlich langsamer

werden, sich über die sich verringernde Distanz hinweg anschauen.

Die Trommeln und Pfeifen verstummen.

Aber nicht das entfernte Heulen der Gitarre. Die Geräusche des Windes, der die flatternden Banner und Flaggen anpeitscht, vermitteln ein Gefühl von Frieden in der angespannten Stille.

Beide ARMEEN scheinen sich nur anzustarren. Sich über die Lücke hinweg einzuschätzen.

BRAY schluckt, atmet durch, schaut sich zu jeder Seite um, nach hinten, dann wieder nach vorn. Schließlich nickt er.

> BRAY
> Es geht los!

DER EINTRITT IN DIE SCHLACHT

Ein ohrenbetäubendes GEBRÜLL, als beide ARMEEN, darunter die MALL RATS und die PRIVILEGED, schreien, mit Vollgas aufeinander zu – und in die Schlacht rennen.

RIESIGE KATAPULTKONSTRUKTIONEN

werden von den hinteren Reihen der PRIVILEGED abgefeuert, schleudern Feuerbälle aus nun brennendem Material durch die Luft.

WIR SEHEN DIE SICH NÄHERNDEN HELDENTRUPPEN,
DARUNTER DIE MALL RATS,

als die Feuerbälle landen und das
Voranschreiten etwas behindern.

UND BEIDE ARMEEN LEGEN LOS.

Meistens im Nahkampf. LEX schwingt einen
riesigen Schläger, um den Ketten gebunden
sind, und schaltet jeden, der ihm im Weg
steht, aus.

DIE DISCARDS,

die immer noch gebunden, gefesselt sind,
schreien hilflos, stecken im Angriff fest,
können sich nicht verteidigen, während
die HELDENARMEE vorbeiläuft. Wir sehen
vor allem BRAY, der um sie herumläuft,
versucht, sie nicht zu treffen.

HARMONY

schwingt auf ihrem Hengst einen Spieß.
und mäht ihren Feind um.

PRIVILEGED-BOGENSCHÜTZEN

in den hinteren Reihen ziehen ihre Waffen
und lassen –

PFEILE fliegen,

die durch die Luft steigen. Das zischende
Geräusch ist über den ganzen Krach von

schlagenden Trommeln, Pfeifen, der heulenden Gitarre – und der Schlacht zu hören.

Die HELDENTRUPPEN

Wir sehen SALENE, die in einer Reihe kauert, in einem Verbund, der Schilde anhebt, um sich gegenseitig zu schützen, während die Pfeile runterkommen, aber nicht durchschlagen.

WIR SEHEN JACK UND DAL

in einer anderen Reihe mitten in der Schlacht, als ein Pfeil DALS Arm durchschlägt, genau durchsticht.

Und JACK ist völlig neben sich. Er steht einfach da, starr vor Angst. Er scheint unfähig zu sein irgendetwas zu tun. Zu kämpfen. Zu helfen. Oder sich auch nur zu bewegen. Er starrt nur auf die Schlacht, die um ihn herum tobt –

Auf DAL, der sich den Arm hält.

Während ein riesiger PRIVILEGED-KRIEGER sich von hinten nähert, seinen Schläger anhebt, bereit zuzuschlagen, doch –

BRAY KOMMT INS BILD.

Er schaltet den KRIEGER mit einer spektakulären Martial-Arts-Bewegung aus und rettet DAL.

WIR SEHEN LEX,

wie er seinen Schläger schwingt, hinten Deckung gibt, während BRAY schnell etwas Stoff abreißt, eine Aderpresse bindet, und DAL über dem Schlachtlärm zuruft.

> BRAY
> Versuch lieber hinter die
> Fronten zu kommen. Du
> wirst etwas medizinische
> Versorgung brauchen, Dal!

Und er zieht den Pfeil aus DALS Arm heraus.

JACK sinkt langsam zu Boden. Nein, nicht aufgrund eines feindlichen Angriffs, obwohl er kurz davorsteht einen zu erleben, … er ist ohnmächtig geworden! Das ist so anders als jedes Kriegsspiel, das er je auf einem Computer gespielt hat.

FLAME

macht immer noch wie in Trance Headbanging auf dem Bergrücken, während er den gleichen wiederholenden Riff spielt.

AMBER

kämpft sich härter und härter durch,

wehrt feindliche Angriffe ab, Fäuste,
Stöcke, Spieße, Messer, kämpft im dichten
Nahkampf und sieht plötzlich perplex zu -

EDEN.

Die sitzt immer noch im Lotossitz auf dem
Strandbuggy, während die HELDENTRUPPEN
sich vor- und durch das dichte Schlachtfeld
kämpfen.

Und manche der feindlichen PRIVILEGED
schauen sie verstohlen an. Mantra? Zen?
Oder ist die Tussi eine unverwundbare
Göttin - oder einfach nur eine Verrückte?!

Aber EDEN nutzt ihren siebten Sinn, öffnet
hin und wieder ein Auge, um einen fatalen
Karateschlag loszulassen, wenn jemand zu
nahe kommt.

WIR SEHEN DIE MALL RATS,

während die HELDENTRUPPEN unermüdlich
vordringen und die PRIVILEGED zurück zu
ihrem Gelände drängen.

HARMONY

zügelt ihr Pferd, brüllt über den ganzen
Wahnsinn der Schlacht hinweg.

   HARMONY
  Brüder und Schwestern der
  Privileged, haltet die

> HARMONY (weiter)
> Stellung! Versucht die
> Stellung zu halten!! Bleibt
> standhaft!!!

Plötzlich wird HARMONY vom Pferd gezogen.

Von AMBER. Das Pferd geht in Panik auf die Hinterbeine. Und zack! AMBER schlägt HARMONY mit einem Schlag zu Boden.

AMBER

sieht zu FLAME hinauf, dann gibt sie BRAY, der in der Nähe steht, ein Zeichen.

> AMBER
> Wir MÜSSEN an FLAME ran! Er
> ist die Hauptperson!

WIR SEHEN BRAY.

Er dreht sich, tritt in einer Reihe von großartigen Martial-Arts-Bewegungen, schaltet jeden Feind aus, der sich ihm in den Weg stellt.

Dann rennt er, springt auf die Haube, das Dach eines Fahrzeugs, um höher zu kommen, dann auf den Streifenwagen und ruft dem Guardian zu.

> BRAY
> Zeit für Phase zwei!

NÄHERUNG ANS GELÄNDE DER PRIVILEGED

Der Polizeiwagen fährt durch Barrikaden hindurch und schafft so Platz, damit unsere HELDENTRUPPEN noch weiter voranschreiten können.

BRAY schaut zu FLAME hoch, der auf dem Bergrücken ist. Dann verfinstert sich sein Gesichtsausdruck, denn er sieht -

EINEN SPEER

Dieser schießt durch die Luft und schlägt in EDEN ein, die in der Nähe ist.

BRAY,

der mitbekommt, dass LEX EDEN zur Seite eilt, springt vom Streifenwagen herunter, klettert auf ein vorbeifahrendes Geländemotorad, stößt den FAHRER herunter.

BRAY steht auf, hebt das Motorrad auf. steigt auf, tritt gegen die PRIVILEGED-KRIEGER, die ihm im Weg sind, aus, während er davonrast.

AUßEN. KIEFERNWALD. TAG.

BRAY rast den Feldweg hinauf durch den Kiefernwald, der zum Bergrücken hinaufführt.

AUßEN. BERGRÜCKEN. BERGE. TAG.

FLAME macht immer noch wie in Trance Headbanging, vor und zurück, vor und zurück, wiederholt den heulenden Riff.

BRAY nähert sich von hinten, springt vom Motorrad herunter, rennt zu FLAME holt aus und – entreißt ihm die Gitarre.

AUßEN. SCHLACHTFELDER. TAG.

Die PRIVILEGED schauen sich nach oben um, als das Gitarrenspiel abrupt aufhört.

Die Geräusche unserer HELDENTRUPPEN der Stämme sind nun dominant, das Schlagen der Trommeln, die Pfeifen, die Kriegsschreie in der Schlacht.

Aber die pfeifende Rückkopplung hallt immer noch überall wider, als würde sie die Qual der PRIVILEGED unterstreichen, die langsam realisieren, dass sie den Kampf verlieren.

AUßEN. BERGRÜCKEN. BERGE. TAG.

FLAME macht immer noch Headbanging, wippt vor und zurück, schreit BRAY an.

                    FLAME
          Gib mir meine Gitarre
          zurück!

                    BRAY
          Auf keinen Fall! Begreifst
          du's nicht? Es ist aus!
          Vorbei!

FLAME sinkt langsam auf die Knie.

                    FLAME
          Dann tu mir einen Gefallen,
          ja, Mann? Schlag mir die
          Gitarre auf den Kopf.
          Wieder und wieder. Ja.
          Zertrümmere mir den Schädel
          in Millionen kleine Stücke.
          Mein Hirn ist weg. Kann
          nicht mehr. Aber die
          Gitarre wird es aushalten.
          Sie ist eine Gibson 66 Les
          Paul …

BRAY sieht FLAME an, der in manisches
Lachen ausbricht, und er verspottet BRAY.

                    FLAME
          Wo liegt das Problem?!
          Willst du den Gig nicht?!
          Einen Gott umzubringen?!
          Dachte, das wäre so cool.
          Verdammt, für mich wäre
          es das sicher. Dann kann
          ich in den Rockstarhimmel
          aufsteigen. in dieser
          gottverlassenen Welt sterben
          nur die Besten jung, Mann.

Er sieht plötzlich voller Verachtung zu
BRAY nach oben, dann kläfft er, schreit
in einem bockigen Wutanfall.

> FLAME
> Komm schon! Tu es! Jetzt!!!
> Ich will unsterblich
> sein!!!

Obwohl Bray die Chance hat sich für seinen
Bruder zu rächen und diese eindeutig
unbedingt ergreifen will - und wir für
eine Sekunde sogar denken, dass er es
vielleicht tut, verweigert er sich diese.

FLAME schreit plötzlich vollkommen
entsetzt auf.

> FLAME
> Neiiiiiiiiin!!!!!

Bray schwingt mit aller Kraft und
schleudert -

DIE GITARRE weg.

Diese dreht und wendet sich, fliegt unter
einer ohrenbetäubenden Rückkopplung
durch die Luft, zerbricht unten Äste von
Kiefernbäumen.

Und wir wechseln in die Zeitlupe -

als die Gitarre landet, auf dem Boden
aufschlägt und liegen bleibt. Sie ist

ganz. Wenigstens DAMIT hatte Flame recht.

AUßEN. FERIENANLAGE DER PRIVILEGED. TAG.

Frieden nach der Schlacht. PRIVILEGED werden zusammengetrieben, Discard-Sklaven losgemacht, befreit.

Und wir finden DAL, der neben JACK am Krankenbus hockt.

DAL selbst hat einen Arm in einer Schlinge und hält mit der anderen Hand JACK Riechsalz unter die Nase und patscht ihm ins Gesicht.

> DAL
> Komm schon. Reiß dich
> zusammen. Dieses ganze
> Ohnmächtigwerden macht mich
> langsam wahnsinnig.

JACK öffnet schwach die Augen, versucht sich zu konzentrieren, kommt aber schnell zu sich, als DAL die guten Neuigkeiten mitteilt.

> DAL
> Die Privileged wurden
> besiegt. Wir haben gewonnen!

> JACK
> Super! - Das GANZE war
> super.

                    DAL
        So würde ich es nicht
        nennen.

Er deutet traurig auf etwas.

WIR SEHEN AMBER, DIE BEI EDEN HOCKT.

BRAY führt FLAME an einem Seil hinter
dem Motorrad her, steigt ab, eilt an
ihre Seite. Auch LEX geht zu EDEN, weg
von den KRIEGERN, die wir im Hintergrund
FLAME zusammen mit anderen GEFANGENEN
wegbringen sehen.

                    BRAY
        Wie geht es ihr?

Er geht in die Hocke, AMBER schüttelt den
Kopf, sie muss nicht antworten. Durch den
Blutverlust und die Tatsache, dass EDEN
kaum bei Bewusstsein ist, ist es klar,
dass es nicht gut aussieht.

Aber EDEN scheint BRAYS Anwesenheit zu
spüren, zu wissen, dass er da ist. sie
streckt sich aus, um nach seiner Hand zu
greifen, sie fest zu drücken.

Dann wird ihr Griff genauso schnell
schwächer, wie das Leben aus ihr weicht.

Und es bricht AMBER das Herz ihre beste
Freundin ironischerweise in BRAYS Armen
sterben zu sehen. AMBER fühlt sich nun

schuldig, weil sie letztendlich die
Zuneigung von BRAY bekommen hat, nach der
sich EDEN so gesehnt hatte. Und auch LEX
wischt sich eine Träne weg.

INNEN. GEPLÜNDERTE SHOPPINGMALL. TAG.

TRUDY geht mit dem BABY auf dem Arm durch
das Möbelgeschäft zu BRAY, der sein
Gesicht in eine Schüssel Wasser taucht.

          TRUDY
   Bray? Ich habe nachgedacht.
   Über einen Namen. Und, naja,
   es könnte vielleicht eine
   schöne Idee sein das Baby
   nach seinem Großvater, nach
   deinem und Zoots - Martins
   - Vater zu benennen.

          BRAY
   Ich weiß nicht, Trudy -
   sein Name war Aubrey.

Er lächelt ein wenig, und TRUDY lächelt
auch, gar nicht begeistert.

          TRUDY
   Vielleicht keine so gute
   Idee.

          BRAY
   Mach dir nichts draus. Er
   hat den Namen auch nie

          BRAY (weiter)
gemocht. Mochte seinen
Spitznamen immer lieber
… Abbe … So hat ihn mein
Bruder genannt, als er
grade sprechen gelernt hat
… Nie Daddy, immer Abbe …
und das hat sich irgendwie
durchgesetzt.

          TRUDY
Abbe … das ist was anderes
… ja, das gefällt mir.
Abbe. Und es macht dir
nichts aus?

          BRAY
Es wäre eine Ehre!

IN DER ESSENSHALLE

Die TRIBES, unter ihnen unsere MALL
RATS, sind versammelt, sehen BEGEISTERT
zu, während die ANFÜHRER Papiere
unterzeichnen.

          AMBER
Und wenn du das Abkommen
hier für die Locos
unterschreiben kannst,
Guardian …, dann bleib nur
noch ich übrig. Und wir
sind fertig!

Der GUARDIAN macht das, dann unterschreibt
AMBER.

                    AMBER
         Also … nun, da die
         Privileged aufgelöst und
         alle Discards befreit sind
         … würde ich sagen, wir
         haben alle etwas Besonderes
         zu feiern. Zeit für eine
         Party!

AUßEN. STRAND. TAG.

Ein Fest, bei dem am Spieß gebraten, und
getanzt wird. Alle TRIBES, auch die MALL
RATS, feiern.

AMBER, BRAY und TRUDY stehen mit dem Baby
hoch oben auf einer Sanddüne. Und AMBER
spricht die Versammlung an, die sich
umdreht und zu ihr nach oben schaut.

                    AMBER
         Mall Rats … liebe Tribes
         … Wir alle stehen hier am
         Anfang von etwas Neuem.
         Nicht am Ende. Und ich
         würde euch jetzt gerne
         jemanden zeigen, der später
         alles darüber wissen wird …
         Das ist - Abbe.

TRUDY reicht BRAY das BABY, der es für

die untenstehende Versammlung hochhält.

                    AMBER
          Seht euch den nicht nur
          stolzen, sondern auch
          hoffnungsvollen Blick in
          den Augen von Abbes Mutter
          Trudy an. Genau wie der
          Blick JEDER Mutter, die ihr
          Kind ansieht. Aber heute
          sollten alle diese Hoffnung
          teilen. Für ALLE Tribes,
          ALLE Menschen. Und eines
          Tages wird wie in den alten
          Parabeln und Schriften
          geschrieben stehen, dass
          Abbe HEUTE, wenn auch
          nur für einen kurzen
          strahlenden Moment, ein
          Retter ist, der ein neues
          und faires und gerechtes
          System einläutet. Für ALLE
          Tribes, die eine bessere
          Welt aus den Trümmern der
          alten errichten. Auf die
          Zukunft. Unsere Zukunft!

Die MALL RATS, unter ihnen LEX, JACK, DAL,
MOUSE, SAMMY und SALENE, treten unten
nach vorne und skandieren gemeinsam mit
den versammelten TRIBES voller Verehrung.

Schauen zu AMBER, TRUDY und dem BABY hoch,
das von BRAY hochgehalten wird. „Abbe

Messiah, Abbe Messiah, Abbe Messiah …"

ENDE

ODER IST ES ERST DER ANFANG?

The-Tribe-Hörbücher

Erhältlich in englischer Sprache auf allen führenden Hörbuchplattformen.

Die fortlaufende Geschichte nach Staffel 5

The Tribe: A New World (Staffel 6)
The Tribe: A New Dawn (Staffel 7)
The Tribe: (R)Evolution (Staffel 8)

Erzählt von vielen aus der Originalbesetzung der Fernsehserie geht die fortlaufende offizielle Geschichte in diesen zum Eintauchen von der Cloud 9 Screen Entertainment Group dramatisch inszenierten Hörbücherversionen der offiziellen Romane von A.J. Penn dort weiter, wo die Serie nach 5 Staffeln aufgehört hat. Mit Soundeffekten, Musik und Gastrollen wird die langersehnte Saga zum Leben erweckt.

Weitere mit The Tribe verbundene Hörbücher in englischer Sprache

Keeping The Dream Alive

Eine Autobiografie von Raymond Thompson über eine persönliche Reise durch das Leben und die Film- und Fernsehindustrie, in der auch davon berichtet wird, was hinter den Kulissen von The Tribe passiert ist, vom Schöpfer und geschäftsführenden Produzenten, der die Serie produziert hat und auch der Hauptgeschäftsführer der Cloud 9 Screen Entertainment Group ist.

The Tribe: Birth of the Mall Rats

Eine Romanfassung von Harry Duffin mit weiteren Einblicken und Geschehnissen, die auf der im Fernsehen gezeigten ersten Staffel basiert. Birth of the Mall Rats ist chronologisch die erste Geschichte in einer Reihe von faszinierenden Romanfassungen des weltweiten Kultphänomens aus dem Fernsehen The Tribe.

Als Taschenbuch – und eBook-Versionen ebenfalls verfügbar

Keeping The Dream Alive - Den Traum am Leben erhalten

von

Raymond Thompson
(vom Englischen ins Deutsche übertragen
von Jana Weber)

„Den Traum am Leben erhalten" ist die einzigartige und faszinierende Biografie von Raymond Thompson, der in einem Armenviertel im Großbritannien der Nachkriegszeit aufwuchs und dennoch die Möglichkeit bekam, in die Welt des Glitzers und Glamours von Hollywood zu reisen. Es liefert einen inspirierenden Einblick in das Leben und Wirken eines Menschen, dem aufgrund einer Lernbehinderung höchstwahrscheinliche Misserfolge in der Schule bevorstanden, der jedoch gegen all die Unannehmlichkeiten angekämpft hatte und sie letztendlich überstand, um daraufhin die Welt zu bereisen und eine erfolgreiche, internationale und unabhängige Fernsehproduktionsfirma zu gründen und zu leiten.

Doch es stellt gleichzeitig ein humorvolles Tagebuch und einen witzigen Einblick in die fruchtbare Vorstellungskraft eines Schriftstellers dar und wie das Leben fernab vom roten Teppich und vom Rampenlicht in der globalen Welt von Film und Fernsehen aussieht. „Den Traum am Leben erhalten" deckt die einzigartige Geschichte auf, wie die Kultserie „The Tribe" ins Leben kam. Neben den persönlichen Existenz- und Überlebensstreben als Schriftsteller und Produzent erreicht Raymond Thompson den Höhepunkt seiner Karriere mit der Ernennung zum Lehrbeauftragten und der Auszeichnung in die Neujahrs-Ehrenliste, bei der er von Ihrer Majestät Queen Elizabeth II für Dienste am Fernsehen geehrt wurde.

The Tribe: Eine neue Welt

von

A.J. Penn

(vom Englischen ins Deutsche übertragen
von Elisabeth Krug)

Die offizielle Geschichte geht in diesem Roman weiter, der direkt nach dem Ende der 5. Staffel einsetzt. Damit ist The Tribe: Eine neue Welt praktisch die 6. Staffel der fortgeführten Saga.

Basiert auf der Kultfernsehserie „The Tribe". Gezwungen, aus ihrer Heimatstadt zu fliehen - und ihren Traum vom Errichten einer besseren Welt aus der Asche der alten aufzugeben - gehen die Mall Rats an Bord einer riskanten Entdeckungsreise in das Unbekannte.

Beim Hinaustreiben auf den Ozean hätte kaum jemand die Gefahren vorhersehen können, die ihnen bevorstehen würden. Welches Geheimnis umgibt die Jzhao Li? Werden sie die Rätsel von The Collective aufdecken? Ganz zu schweigen von den vielen Herausforderungen und Hindernissen, denen sie begegnen, während sie mit den Mächten der Mutter Natur kämpfen, mit unerwarteten Widersachern und gelegentlich sogar mit sich selbst. Werden sie sie meistern? Werden sie schließlich herausfinden, was mit ihren Freunden und Angehörigen passiert ist, die verschwunden sind? Und vor allen Dingen: Können sie eine neue Welt nach ihren eigenen Vorstellungen errichten - indem sie ihren Traum lebendig erhalten?

The Tribe: Ein Neuanfang

von

A.J. Penn

(vom Englischen ins Deutsche übertragen
von Manuela Würz)

Im Anschluss an die vielen Herausforderungen im Bestsellerroman: ‚The Tribe: A New World' (deutscher Titel: ‚The Tribe: Eine neue Welt') sehen sich die Mall Rats einem noch größeren Kampf gegenüber, als sie versuchen die vielen ungeklärten Rätsel aufzudecken, denen sie nun in dem Roman begegnen, der das Äquivalent zur 7. Staffel in der fortgeführten Saga ist.

Was war die wahre Mission der Überlebensflotte der Vereinten Nationen? Wer ist der geheimnisvolle Anführer des Collective? Was geschah wirklich auf der Arthurs Air Force Base? Ist etwas Unheimlicheres an den Geheimnissen der paradiesischen Insel, auf der sie nun gestrandet sind?

Gezwungen die quälenden Konflikte in ihren persönlichen Leben zu lösen, müssen die Mall Rats sich auch entscheiden, welchen Weg sie einschlagen und ob sie sich, um in ihrem Kampf gegen einen ominösen Gegner zu bestehen, den Geistern ihrer Vergangenheit stellen oder nicht.

Können sie bei der sehr realen Gefahr, dass die menschliche Existenz untergehen wird, allen Widrigkeiten zum Trotz bestehen, um eine Zukunft und die Aussicht auf ein besseres Morgen sicherzustellen?

Oder werden sie dasselbe Schicksal erleiden wie die Erwachsenen vor ihnen und sterben?

Die Mitglieder des Tribes müssen nicht nur um ihre Leben kämpfen, sondern sich auch ihren größten Ängsten stellen, um zu verhindern, dass die Welt noch weiter in die Dunkelheit stürzt – und sicherzustellen, dass die Hoffnung bei einem Neuanfang überwiegt. Und dass sie ihren Traum am Leben erhalten.

The Tribe: (R)Evolution – Deutschsprachige Ausgabe

von

A.J. Penn

(vom Englischen ins Deutsche übertragen
von Manuela Würz)

*In der Fortsetzung der von Kritikern gefeierten Bestseller The Tribe:
A New Dawn (dt. The Tribe: Ein Neuanfang) und The Tribe:
A New World (dt. The Tribe: Eine neue Welt) ist The Tribe: (R)
Evolution der dritte Roman in der lang erwarteten fortgeführten
Saga, die auf der Kultfernsehserie The Tribe basiert.*

*Welche Geheimnisse lagen im ominösen Eagle Mountain
verborgen? Wer sind die Mitglieder des Collective? Und wird die
Identität ihres rätselhaften Anführers aufgedeckt werden?*

*Wo ist es sicher, wenn Eindringlinge aus weit entfernten Ländern,
die vorhaben ihr Imperium zu vergrößern und die Bündnisse all
derer zu zerbrechen, die sich darum bemühen Wiederaufbau zu
betreiben und zu überleben, skrupellos ihre eigene Vision von der
Zukunft verfolgen und danach streben Dominanz und absolute
Macht zu gewinnen? Wie gehören der Makler und der Auswähler
zu dem ganzen Rätsel um Project Eden? Überlebt irgendjemand
den Kubus und das alptraumhafte Loch?*

*Können die Mall Rats all die unerträglichen Herausforderungen
und Hindernisse, denen sie begegnen, überwinden, um eine neue
und bessere Welt aus den Trümmern der alten zu errichten? Werden
sie ihre Gegner besiegen und sich jemals von dem Herzschmerz
und den quälenden Konflikten, die sie in ihren Privatleben
durchmachen, erholen?*

*Der sehr realen Gefahr des Aussterbens der Menschheit
gegenüberstehend – können sie bestehen? Sich anpassen? Sich
entwickeln? Überleben? Und ihren Traum am Leben erhalten?*

The Tribe: Birth Of The Mall Rats

von

Harry Duffin

The Tribe: Birth Of The Mall Rats ist die erste Geschichte in einer Reihe von unwiderstehlichen Romanfassungen des globalen Kultfernsehphänomens The Tribe.

Die Welt begann ohne die Menschheit. Nun, nachdem eine mysteriöse Pandemie die ganze Erwachsenenbevölkerung hinrafft, sieht es so aus, als ob sie genauso enden würde. Es sei denn, die jungen Überlebenden – die sich in kriegführenden Tribes zusammenschließen – überwinden die Machtkämpfe, Gefahren und unerwarteten Herausforderungen in einer gesetzlosen dystopischen Gesellschaft, um sich zu vereinen und eine neue Welt aus den Trümmern der alten zu errichten.

Eine neue Welt nach ihrer eigenen Vorstellung zu erschaffen – was auch immer diese Vorstellung sein mag …

…Für weitere Informationen

Besuchen Sie bitte unsere offizielle Webseite

www.tribeworld.com

"Liken" Sie
facebook.com/thetribeofficial

twitter.com/thetribeseries

instagram.com/thetribetvseries

youtube.com/thetribetvseries

vimeo.com/cloud9screenent/vod_pages